Mini C

Tanya Haffner

Les meilleures recettes *sans produits laitiers*

Photographies par Martin Brigdale

Traduit de l'anglais par Linda Nantel

Guy Saint-Jean
ÉDITEUR

sommaire

dédicace

Je dédie ce livre à tous les membres de ma famille, et tout particulièrement à ma mère et à mon fils Timothy. Leur soutien constant, leurs encouragements et même leurs critiques sont extrêmement précieux pour moi **(Mini C)**

À mes parents bien-aimés ainsi qu'à Bill et Rita Carr, deux professeurs pour qui j'ai un immense respect et une profonde amitié. **(Tanya Haffner)**

Remerciements
Mini C: Merci à ma mère, Surapee Mudita Karnasuta, qui m'a appris à viser haut tout en gardant les pieds sur terre. Son amour et ses sacrifices m'ont fait comprendre que l'on peut accomplir de grandes choses lorsqu'on a le soutien des personnes que l'on aime. Un merci tout spécial à ma grand-mère Sunee, une belle octogénaire qui a été le tout premier chef de notre restaurant familial. Elle m'a appris à cuisiner en respectant le goût et la texture authentiques des aliments. Je suis aussi reconnaissante envers mes amis qui m'ont donné de bons conseils ou qui ont accepté de tester mes recettes. Merci à la Providence de m'avoir donné la chance de vivre à l'étranger pendant plus de la moitié de ma vie, ce qui m'a permis de me familiariser avec la cuisine de plusieurs pays.

Tanya Haffner: Merci à ma famille, à mes amis et à mes collègues pour leur soutien et leurs encouragements. Une pensée spéciale pour mes deux sœurs adorées, Zoë et Heather. Un merci très chaleureux à mon mari Shalom pour son amour, ses encouragements et son sens de l'humour ainsi qu'à mon fils Eli, né pendant la rédaction de ce livre.

note importante

Ce livre doit être utilisé comme ouvrage de référence général et livre de recettes. Même si les auteurs croient que les informations et les recettes présentées sont bonnes pour la santé, elles ne doivent jamais remplacer les conseils de votre médecin. Consultez-le pour toute préoccupation et toute question concernant votre santé ou votre désir de modifier votre régime alimentaire.

avant-propos

Les allergies et les intolérances alimentaires touchent une grande partie de la population. Si vous avez reçu un diagnostic officiel de la part de votre médecin, il vous est peut-être difficile de savoir par où commencer. Il peut être très frustrant de ne pas bénéficer de tous les renseignements nécessaires pour modifier votre alimentation de façon adéquate.

Il existe une foule d'organismes et d'associations pouvant vous renseigner adéquatement quant aux meilleures façons de bien vivre et bien manger si vous êtes allergique aux produits laitiers et vous donner des outils réellement utiles. Votre médecin peut vous donner de judicieux conseils a ce sujet; n'hésitez donc pas à lui en faire la demande.

Grâce à ses nombreuses recettes et à ses informations pertinentes, un livre comme celui-ci peut être très utile à tous ceux qui souffrent d'allergie ou d'intolérance alimentaire. Facile à consulter, il s'adresse à ceux qui connaissent leur problème depuis longtemps, à ceux qui ont été diagnostiqués tout récemment et aux autres personnes qui croient avoir une allergie ou une intolérance aux produits laitiers.

Tous les aspects du régime sans produits laitiers sont traités et expliqués de façon claire. On y trouve aussi des conseils pratiques, par exemple comment tenir un journal dans lequel vous consignerez tout ce que vous mangez et buvez ainsi que les symptômes observés. Les recettes ont été créées pour plaire à tous les goûts et convenir à toutes les occasions.

Bon appétit!

un régime sans produits laitiers?

Pourquoi de plus en plus de gens adoptent-ils une alimentation sans produits laitiers? Il y a quelques années, on adhérait à ce régime pour des raisons d'intolérance au lait de vache, de religion ou de philosophie alimentaire (ex.: végétalisme). De nos jours, plusieurs personnes non allergiques suivent partiellement ou entièrement ce mode d'alimentation pour des questions de goût ou de santé.

Bon pour la santé?

Le soja est l'un des susbtituts du lait les plus populaires et les plus nutritifs. Les médias ayant beaucoup vanté ses bienfaits, cela a créé un énorme engouement. Dans les pays où l'on consomme beaucoup de soja, on note que les risques de maladies cardiaques ou de cancers sont moins élevés et que certains symptômes de la ménopause sont aussi moins lourds. Les scientifiques continuent leurs recherches dans ce domaine.

Les régimes sans produits laitiers contiennent beaucoup de gras saturés pouvant contribuer à l'augmentation du mauvais cholestérol et des maladies cardiaques. Plutôt que d'acheter des produits laitiers à faible teneur en gras, plusieurs sont à la recherche de nouvelles saveurs et d'une plus grande variété d'aliments grâce à des substituts comme ceux composés de soja.

Voir plus clair

La méthode de diagnostic et les symptômes varient selon que l'on a une allergie aux protéines du lait de vache, une intolérance au lactose (alactasie) ou une réaction négative aux produits laitiers (voir figure ci-après).

Des praticiens de la santé naturelle croient qu'une «réaction négative aux produits laitiers» peut aggraver les symptômes de certaines maladies: arthrite, céphalées, fatigue générale, syndrome du côlon irritable, trouble du déficit de l'attention (TDA), trouble déficitaire de l'attention avec hyperactivité (TDAH) et autisme. La réaction négative aux produits laitiers n'est pas toujours reconnue par les professionnels de la santé même si ceux-ci offrent leur soutien et leurs conseils aux personnes qui présentent une réaction négative évidente à ce type de produits.

En ce qui a trait au trouble du déficit de l'attention (TDA) et au trouble déficitaire de l'attention avec hyperactivité (TDAH), des rapports ont démontré une amélioration des symptômes chez un petit nombre d'enfants ayant suivi un régime exempt de produits laitiers.

Intolérance aux produits laitiers

Allergie aux protéines du lait de vache

Le système immunitaire réagit anormalement aux protéines du lait de vache.

Intolérance au lactose

L'intestin a un déficit en lactase, une enzyme assurant la digestion du lactose (sucre de lait).

Réaction négative aux produits laitiers

Elle n'est pas encore reconnue officiellement par la médecine, mais on croit que les symptômes de certaines maladies pourraient être aggravés par les produits laitiers (ex.: arthrite, céphalées, fatigue générale, syndrome du côlon irritable).

Cela ne concerne évidemment pas tous les enfants ayant un TDA ou un TDAH, et les scientifiques ne comprennent pas encore parfaitement le lien; des recherches plus approfondies seront nécessaires. Si vous pensez que votre enfant pourrait réagir négativement aux produits laitiers, consultez un diététiste pédiatrique.

Soyez assuré que vous ne perdrez rien au plaisir de manger même si vous adoptez un régime excluant les produits laitiers. Cela vous permettra de découvrir de nouveaux aliments et plusieurs nouvelles recettes, sans compter les nombreux bienfaits pour votre santé.

Ce livre s'adresse aux personnes intéressées par une alimentation sans produits laitiers: celles qui suivent un régime strict, celles qui doivent consommer moins de ces produits et les autres qui souhaitent inclure davantage de substituts dans leur alimentation. Ces plats variés et délicieux plairont également aux membres de votre famille et à vos amis.

Raisons pour choisir un régime sans produits laitiers

* Allergie aux protéines du lait de vache
* Intolérance au lactose
  * Problème héréditaire
  * Suite à une infection ou la prise d'antibiotiques
  * Suite à une chirurgie intestinale
  * Maladie (ex.: maladie cœliaque)
  * Malnutrition
* Raisons religieuses
* Raisons morales (ex.: végétalisme)
* Réaction négative aux produits laitiers (les symptômes de certaines conditions sont aggravés par la consommation de produits laitiers)
* Choix d'un mode de vie plus sain

l'intolérance au lactose

Le lactose est un sucre naturel contenu dans le lait des êtres humains et des autres mammifères. Il ne s'agit pas d'une réaction allergique; c'est l'intestin qui a un déficit en lactase, une enzyme qui assure la digestion du lactose.

Symptômes

Au cours de la digestion normale, la lactase décompose le lactose en sucres simples – le glucose et le galactose – afin que notre organisme puisse l'absorber. Le lactose non digéré dans l'intestin grêle peut être la cause de douleurs, gaz, flatulences, ballonnements et diarrhées.

Qui souffre d'intolérance au lactose?

Les deux tiers de la population mondiale en souffriraient. Il s'agit souvent d'un problème héréditaire qui atteint surtout les adolescents et les adultes, mais chez certains bébés l'organisme est parfois incapable de produire de la lactase. Cette intolérance est fréquente dans les pays où l'on ne boit pas de lait après l'enfance puisque le corps cesse alors la production de lactase. Le problème cesse si ces personnes recommencent à boire du lait régulièrement puisque l'organisme reprend alors la production de cette enzyme.

L'intolérance au lactose peut aussi être causée par la malnutrition, une infection ou une chirurgie intestinale, ou encore une maladie endommageant la muqueuse de l'intestin.

Combien de lait?

Certaines personnes intolérantes au lactose peuvent boire un verre de lait par jour sans problème. D'autres doivent l'éviter complètement. Même chose pour les fromages, les yogourts et autres produits laitiers. Consultez un spécialiste de la santé ou de la nutrition pour savoir quelle quantité vous pouvez boire ou manger sans être malade. Toutes les recettes de ce livre sont exemptes de produits laitiers. Vous pourrez en ajouter à votre goût et selon votre niveau de tolérance si vous n'êtes pas contraint de vous en abstenir complètement.

Diagnostic

Votre médecin pourrait vous faire passer un test respiratoire à l'hydrogène expiré pour confirmer le diagnostic. À la page 14, vous trouverez quelques conseils pour apprendre à détecter les symptômes d'une intolérance au lactose.

Aliments contenant du lactose (à vérifier sur les étiquettes)

* Lait de vache, de chèvre et de brebis
* Lait en poudre, matière sèche du lait
* Babeurre, crème et crème glacée
* Fromages, fromages en poudre, agents aromatisants au fromage
* Yogourts et fromages frais
* Beurre et margarine (sauf indication contraire)
* Sucre de lait
* Chocolat au lait
* Lactose et caséine hydrolysée
* Lactosérum, protéines de lactosérum, sirop de sucre au lactosérum
* Plusieurs édulcorants pauvres en calories
* Plusieurs marques de glutamate de sodium

Autres sources de lactose

* Médicaments
* Suppléments (vitamines et minéraux)
* Plusieurs dentifrices

les allergies

L'allergie alimentaire est la forme d'intolérance la plus sévère puisque le système immunitaire réagit de façon anormale à un aliment ou à une substance. La réponse allergique typique implique les immunoglobulines E (IgE) et survient très rapidement en causant une réaction inflammatoire. Lorsque le corps produit des taux élevés de IgE après avoir absorbé des protéines comme celles du lait, il peut arriver que la personne souffre plus tard d'une allergie à la poussière ou au pollen.

Différentes substances peuvent causer diverses réactions, ce qui complique le diagnotic. Les symptômes peuvent être légers ou sévères, allant de l'inconfort à la maladie, et même à la mort dans les cas extrêmes. On donne le nom de choc anaphylactique à une réaction grave pouvant être une menace pour la vie. Si vous ou votre enfant souffrez d'anaphylaxie, il est essentiel de consulter un médecin spécialiste en allergies afin d'identifier les aliments responsables et de prendre les mesures appropriées. Selon la gravité du cas, vous devrez manger moins de cet aliment ou le retirer de votre régime temporairement ou définitivement.

Causes

Les causes des allergies ne sont pas encore bien comprises et les recherches se poursuivent. Elles semblent avoir une origine génétique et les enfants issus d'une famille où l'on compte des cas d'allergies sont plus susceptibles d'en souffrir, surtout si les deux parents en sont atteints. Il court alors de deux à cinq fois plus de risques si ses deux parents sont allergiques.

Une augmentation des allergies?

Oui, même si on les diagnostique plus tôt que par le passé. Dans certains cas légers, il arrive que les personnes apprennent à vivre avec leurs symptômes sans consulter. La pollution de l'air, les environnements de plus en plus stériles et l'usage accru de pesticides et de produits chimiques pourraient être en partie responsables des allergies. On croit aussi que notre système immunitaire pourrait manquer de stimulation depuis que la médecine moderne a réduit nos risques d'infection. Les individus prédisposés génétiquement pourraient avoir des réactions négatives à des substances inoffensives. Mais la recherche scientifique devra confirmer ces hypothèses.

Il est possible aussi qu'il n'y ait pas plus d'intolérances alimentaires qu'autrefois et que les personnes atteintes aient simplement décidé de ne plus souffrir en silence. Nous sommes mieux renseignés, plus aptes à reconnaître les symptômes et plus déterminés à trouver des solutions. Nous sommes aussi plus conscients des bienfaits d'un régime adapté à notre situation.

Il est rare que les allergies alimentaires se manifestent subitement chez les adultes, sauf l'allergie aux fruits de mer. Celle-ci se développe chez les adultes plutôt que chez les enfants.

Prévention

On ne devrait pas faire boire de lait de vache aux bébés âgés de moins de six mois. Lorsqu'on commence à leur donner du lait infantile à base de lait de vache modifié ou des aliments de sevrage qui en contiennent, des symptômes désagréables peuvent apparaître. Certaines recherches tendent à démontrer qu'un bébé nourri exclusivement au sein jusqu'à six mois pourrait jouir d'une certaine protection contre l'intolérance au lait de vache.

Allergie aux protéines du lait de vache

L'allergie au lait est une réaction immunitaire aux protéines (et non au lactose) du lait. Contairement à l'intolérance au lactose, elle est plutôt rare et touche généralement les jeunes enfants une fois qu'on a commencé à introduire du lait maternisé ou infantile dans leur alimentation. Symptômes: vomissements, diarrhée, douleurs abdominales, eczéma, problèmes respiratoires, etc. Dans de rares cas, la réaction peut être sévère. Elle affecte environ 3 à 5 % des enfants et disparaît habituellement avant l'âge de cinq ans. Lorsque le diagnostic est sûr (voir page 14), un régime complètement exempt de produits laitiers est recommandé jusqu'à ce qu'un professionnel de la santé juge que l'on peut les réintroduire.

Certains enfants souffrent à la fois d'allergie au lait et d'intolérance au lactose. Cela peut survenir particulièrement à la suite d'un problème intestinal.

le diagnostic des intolérances aux produits laitiers

Si vous croyez avoir une intolérance à quelque produit que ce soit, consultez votre médecin. En plus d'un examen général, il vous recommandera peut-être de passer d'autres tests.

Il est aussi recommandé de tenir un journal des aliments que vous consommez et des symptômes associés (voir page 15).

«Réaction» aux produits laitiers

Le corps réagit différemment selon que l'on souffre d'une réaction (voir page 9), d'une intolérance ou d'une allergie aux produits laitiers. On peut identifier la réaction négative aux produits laitiers par la présence d'immunoglobulines G (IgG), qui se manifeste quelques jours, plutôt que quelques heures, après l'absorption de l'aliment suspect. Le test épidermique est fréquemment utilisé pour détecter ce type de problème.

Tests reconnus

Sans être infaillibles, les tests suivants semblent être les plus fiables pour identifier les allergies et les intolérances alimentaires. Il faut souvent faire différents tests et consulter plusieurs spécialistes pour obtenir un diagnostic exact.

Dosage des IgE sériques spécifiques (RAST)
Ce test, qui mesure la quantité d'anticorps IgE dans le sang, sert à identifier les allergies aiguës lorsqu'il y a réaction immédiate.

Test épidermique
À l'aide d'une minuscule piqûre, on introduit quelques gouttes de la substance allergène juste sous la peau. Dans les minutes qui suivent, le médecin peut voir s'il y a des signes de réaction. Ce test est surtout efficace pour détecter les allergènes environnementaux provoquant une réaction immédiate (ex.: poil d'animaux). Il est moins utile pour les allergies alimentaires qui apparaissent parfois plusieurs heures ou quelques jours après avoir consommé l'aliment suspect.

Test respiratoire à l'hydrogène expiré
Ce test mesure l'influence de la consommation de lactose sur la quantité de glucose sanguin, laquelle peut augmenter légèrement si le lactose n'est pas complètement digéré. On mesure l'hydrogène expiré après une absorption de lactose. Des taux élevés en hydrogène indiquent la présence de lactose non digéré. Les bactéries intestinales font fermenter celui-ci et produisent de l'hydrogène, lequel est transporté par le sang et libéré dans l'air expiré.

Régime d'exclusion

Il s'agit du moyen le plus efficace pour détecter une intolérance alimentaire. On exclut les aliments suspects et on observe s'il y a amélioration. On réintroduit ces mêmes aliments graduellement en observant si les symptômes sont de retour.

Tout régime d'exclusion doit être supervisé par un médecin ou un diététiste afin que votre alimentation soit équilibrée. Ils sauront vous prescrire un régime sur mesure respectant votre style de vie et votre cas particulier. Il ne faut jamais imposer un tel régime aux enfants ou à quiconque est sujet à l'anaphylaxie (voir page 12), sauf sous stricte supervision médicale. Ce régime devant être suivi rigoureusement pendant un minimum de deux semaines, choisissez une période où vous n'avez pas d'obligations sociales afin de pouvoir accorder toute votre attention à votre alimentation.

Il existe plusieurs façons de faire un régime d'exclusion selon qu'un seul ou plusieurs aliments sont suspects.

Remplissez votre journal tout au long de la journée afin de ne rien oublier. Écrivez absolument tout ce que vous mangez et buvez, y compris les médicaments et les suppléments vitaminiques.

Régime d'éviction

Il s'agit d'exclure toutes les sources d'un type d'aliment, par exemple les produits laitiers, pendant deux à quatre semaines afin de voir s'il y a amélioration des symptômes.

Régime d'élimination

Ce régime est recommandé lorsqu'on suspecte une intolérance alimentaire sans que les coupables soient encore identifiés. Il est très utile lorsqu'on soupçonne une intolérance à plusieurs aliments. Il impose de manger chaque jour de cinq à sept aliments frais peu susceptibles de causer une réaction allergique. On introduit ensuite les autres aliments un à un en observant s'il y a une réaction négative. Ce régime peut être très contraignant, ennuyant et exigeant, mais il s'avère très utile dans les cas d'intolérances multiples. Heureusement, il est possible de remplacer les produits laitiers par des substituts savoureux, comme vous le verrez dans les recettes de ce livre.

Conseils pour les régimes d'élimination

Planifiez vos menus et ayez tous les aliments requis à portée de la main.

* Choisissez une période où vous avez peu d'obligations sociales.
* Tenez un journal dans lequel vous consignerez au fur et à mesure les aliments consommés et les symptômes observés.
* Consultez votre médecin ou votre diététiste dès que votre journal sera rempli afin que votre expérience soit encore fraîche à votre mémoire.

Si vous avez reçu un diagnostic d'allergie au lait de vache, vous devez exclure complètement tous les produits laitiers de votre alimentation.

Tests d'allergie non médicaux

Des tests prétendument capables de détecter les allergies sont offerts dans le domaine des médecines parallèles: analyse de cheveux, test du pouls, test de sudation, kinésiologie, etc. En plus de coûter de l'argent, ils ne sont ni fiables ni reconnus par les autorités médicales. Certaines personnes suivent inutilement un régime exempt de tout produit laitier à la suite d'un tel «diagnostic», ce qui peut nuire à leur santé et débalancer leur régime alimentaire. De tels régimes devraient être suivis exclusivement sous la supervision d'un professionnel de la santé qualifié.

Exemple d'un journal des aliments et des symptômes

Date	Heure	Aliments et boissons consommés	Symptômes	Début des symptômes	Degré de sévérité*
5 janvier	7 h	Céréales et lait Jus d'orange	Crampes d'estomac et diarrhée Fatigue	9 h Toute la matinée	3 4

* Gradation des symptômes: 1 = doux; 2 = modéré; 3 = mavais; 4 = sévère.

la nutrition et les produits laitiers

Les produits laitiers incluent le lait de vache et tous les produits dérivés (fromage, crème, beurre) ainsi que les aliments de même famille (babeurre, yogourt, fromage frais, crème glacée, etc.). Certaines personnes peuvent consommer du lait de chèvre ou de brebis, mais il est important d'avoir un avis médical. Plusieurs aliments traités vendus dans le commerce contiennent des produits laitiers (tartinades, chocolats, produits de boulangerie, etc.). Lisez les pages 22 et 23 pour en savoir davantage. Les recettes de ce livre ne contiennent pas de lait de vache, de chèvre ou de brebis ni aucun produit dérivé.

Bon pour la santé?

Il faut toujours demander l'avis d'un médecin ou d'un diététiste avant d'entreprendre un régime strict ou de diminuer sa consommation de produits laitiers. Le lait est l'un des principaux aliments de notre régime. Il fournit une quantité importante de protéines, du gras, des glucides, des vitamines et des minéraux. Il est une excellente source de vitamines D, A et B2 en plus d'être riche en calcium et de contenir du phosphore. Il s'agit souvent de la principale source d'énergie pour les jeunes enfants. Si vous éliminez complètement les produits laitiers, il est important de les remplacer par d'autres sources de nutriments,

Teneur en calcium de divers aliments

200 ml (¾ de tasse) de lait entier/semi-écrémé/écrémé	237/248/249 mg
200 ml (¾ de tasse) de boisson (jus) de soja enrichie en calcium	240-280 mg
200 ml (¾ de tasse) de jus d'orange enrichi en calcium	245 mg
112 g (4 oz) de fromage cottage	82 mg
30 g (1 oz) de fromage à pâte dure	216 mg
150 g (5 oz) de yogourt pauvre en gras	175 mg
Yogourt de soja pauvre en gras enrichi en calcium	150 mg
2 tranches de pain blanc ou brun	66/33 mg
100 g (3 ½ oz) de sardines avec arêtes en conserve	460 mg
1 orange	72 mg
150 g (5 oz) de fèves au lard en conserve	80 mg
12 amandes	62 mg
2 c. à soupe d'épinards cuits (90 g)	128 mg

principalement du calcium et, dans certains cas, des protéines. Si vous avez une alimentation variée, vous ne devriez pas manquer des autres nutriments nécessaires à votre santé (voir page 28).

Le calcium

Le calcium est essentiel à la force et à la densité des os. L'ostéoporose survient lorsque ceux-ci perdent une grande partie de leur masse et subissent une détérioration de leur tissu. Ils deviennent alors fragiles et se cassent facilement. Les produits laitiers étant notre principale source de calcium, il faut veiller à remplacer celui-ci si nous sommes forcés de renoncer aux produits laitiers.

Nos besoins en calcium

Âge	Calcium (mg/jour)
Enfants	
0-12 mois	525
1-3 ans	350
4-6 ans	450
7-10 ans	550
Hommes	
11-18 ans	1000
19 ans +	700
Femmes	
11-18 ans	800
19 ans +	700
Qui allaitent	+500

Le calcium est important pour les jeunes enfants et les adolescents, mais il est aussi recommandé d'en boire même si notre croissance est terminée. Durant la grossesse, les femmes doivent s'assurer d'en consommer suffisamment et elles devront en prendre une quantité additionnelle au moment d'allaiter.

Pour avoir de bons os

* Ayez un régime varié fournissant divers nutriments.
* Mangez chaque jour deux ou trois portions de substituts de produits laitiers enrichis de calcium. Incluez aussi d'autres aliments qui en contiennent (légumes feuillus verts, pain sans produits laitiers, poissons avec arêtes en conserve, etc.). Demandez à votre médecin si vous devez prendre un supplément vitaminique.
* Prenez suffisamment de vitamine D, laquelle favorise l'absorption du calcium.
* Chaque jour, mangez au moins cinq portions de fruits et légumes pour avoir suffisamment de potassium et d'autres minéraux essentiels à la santé des os.
* Si vous buvez de l'alcool, ne dépassez pas les quantités prescrites (voir page 30).
* Faites de l'exercice régulièrement (marche rapide, danse, aérobie, etc.).

Teneur en protéines de divers aliments

100 g (3 ½ oz) de blanc de volaille sans peau, grillé = 32 g

250 ml (1 tasse) de lait de vache semi-écrémé = 8,2 g

250 ml (1 tasse) de boisson (jus) de soja faible en gras = 9,3 g

Boisson de riz = 0,0 g

1 tranche moyenne de pain complet = 3,4 g

1 tranche moyenne de pain blanc = 3 g

12 amandes = 5,5 g

180 g (1 tasse) de riz blanc cuit = 4,7 g

230 g (1 ½ tasse) de macaronis cuits = 7 g

60 g (½ tasse) de carottes bouillies = 0,4 g

Les protéines

On peut facilement remplacer les protéines du lait et des divers produits laitiers par d'autres aliments: produits du soja, volaille, poisson, noix, légumineuses (pois, haricots et lentilles) ainsi qu'un mélange de grains entiers et de légumes. Seules les personnes qui ne peuvent manger de substituts de soja et qui consomment peu de viande peuvent souffrir d'une carence en protéines. Cela peut causer des problèmes de croissance et nuire à la réparation des cellules dans certains cas. Dans un tel cas, il est de mise de consulter un médecin ou un diététiste afin d'avoir un régime mieux équilibré et de prendre les suppléments vitaminiques requis.

Notre besoin en protéines varie selon notre âge et notre sexe. Les adultes ont généralement besoin de 45 à 53 g de protéines par jour. Consultez la page 19 pour connaître la teneur en protéines de divers aliments.

La vitamine D

L'exposition au soleil permet à notre corps de fabriquer sa propre vitamine D. Dans les pays nordiques, on recommande une exposition de 10 à 20 minutes par jour, du début du printemps à la mi-automne. On doit éviter les rayons solaires entre 12 h et 15 h pendant l'été.

Le jaune d'œuf et le poisson – surtout les huiles de foie de poisson – sont de bonnes sources de vitamine D. Les carottes, courges, citrouilles, patates douces, abricots, épinards et autres légumes feuillus verts en contiennent aussi une petite quantité.

Les substituts du lait

Les boissons (jus) et yogourts de soja sont les meilleurs substituts pour le lait à cause de leur profil alimentaire. Les protéines du soja sont équivalentes à celles de la viande, du lait et des œufs. La boisson de riz est recommandée aux personnes qui ne peuvent prendre de soja.

Les boissons (jus) et yogourts de soja enrichis de calcium sont adéquats sur le plan nutritionnel. Si on opte pour la boisson de riz, il faut acheter celle qui est enrichie de calcium et s'assurer que notre alimentation contient assez de protéines. Si vous l'utilisez pour cuisiner, ajoutez une bonne source de protéines au repas (viande, légumineuses, etc.).

Les laits de noix, de chèvre et de brebis sont aussi de bons substituts, de même que les laits faibles en lactose. Ils peuvent toutefois contenir une certaine quantité de lactose et leur valeur nutritive est moins élevée que celle des boissons (jus) de soja.

Le soja: un atout pour la santé

- La consommation régulière d'aliments à base de soja aide à diminuer le taux de cholestérol sanguin.
- La protéine du soja est un ingrédient actif qui aide à réduire le taux de cholestérol. La consommation quotidienne de 25 g de protéines du soja aide à diminuer le taux de cholestérol.
- Pour absorber 25 g de protéines du soja par jour, il suffit de prendre deux verres de 250 ml (1 tasse) de boisson (jus) de soja et une portion de 200 g (¾ de tasse) de yogourt de soja. Sinon,

on peut ajouter du tofu dans les plats sautés et inclure 250 ml (1 tasse) de boisson (jus) de soja dans un frappé aux fruits ou des céréales, ou la répartir dans le thé tout au long de la journée. La crème de soja contient une quantité négligeable de protéines du soja.

* Pour vous assurer de consommer 25 g de protéines du soja par jour, consultez l'information nutrionnelle des recettes de ce livre contenant du soja.
* Certaines femmes remarquent que le soja atténue certains symptômes désagréables de la ménopause, et plus particulièrement les chaleurs.
* Le soja est l'une des rares sources de protéines complètes de haute qualité équivalentes à celles de la viande, des œufs et des produits laitiers.
* De nos jours, les produits à base de soja sont plus savoureux que ceux qui étaient vendus dans le commerce par le passé. Si vous n'en avez jamais mangé ou si vous les avez négligés depuis longtemps, préparez-vous à faire de belles découvertes.
* Le soja fait partie des bonnes habitudes alimentaires des Orientaux. Apprenez à le découvrir sous toutes ses formes. Les autres substituts des produits laitiers sont aussi délicieux.

Goût et disponibilité des produits

Le goût amélioré et la grande variété des substituts de produits laitiers vous les feront grandement apprécier. On les trouve maintenant dans les supermarchés et ils sont souvent offerts au comptoir des produits laitiers. Plusieurs restaurants nous offrent maintenant le choix entre le lait de vache et la boisson (jus) de soja.

Quelles que soient vos raisons pour exclure les produits laitiers de votre alimentation, vous pourrez bénéficier d'une grande variété de repas délicieux.

Comparaison nutritionnelle entre la boisson (jus) de soja enrichie en calcium et le lait de vache semi-écrémé

Par 100 ml	Boisson (jus) de soja enrichie en calcium	Lait de vache semi-écrémé
Kcal	47	47
Protéines	3,8 g	3,4 g
Gras	2,2 g	1,7 g
Saturés	0,4 g	1,1 g
Polyinsaturés	1,4 g	0 g
Mono-insaturés	0,5 g	0,4 g
Acides gras essentiels		
Acide linoléique	58 %	0 %
Acide alpha-linoléique	8 %	0 %
Glucides	2,8 g	5,2 g
Lactose	0 g	5,2 g
Cholestérol	0 g	7 mg
Calcium	120-140 mg	124 mg

les produits laitiers à éviter

Vous devez éviter certains ou tous les aliments suivants selon la rigueur de votre régime sans produits laitiers. Lisez toujours les étiquettes puisque la composition des produits varie d'une marque à l'autre.

Produits laitiers

* Lait de vache entier, écrémé et semi-écrémé
* Lait en conserve condensé, évaporé et en poudre
* Babeurre
* Crème
* Fromage frais
* Crème fraîche
* Caillebotte
* Beurre
* Fromage
* Yogourt
* Crème glacée

Aliments traités pouvant en contenir

Il est important de savoir que de nombreux aliments préparés contiennent des produits laitiers. Le chocolat en fait partie et il est facile de sous-estimer la quantité de produits laitiers que l'on consomme sans le savoir.

Légumes

* Légumes en sauce en conserve contenant du lait ou des produits laitiers (ex.: maïs en crème)
* Purée de pommes de terre instantanée

Pain et produits de boulangerie

* Plusieurs pains
* Plusieurs biscuits
* Plusieurs craquelins
* Beignets
* Scones
* Plusieurs gâteaux et cakes
* Plusieurs préparations pour gâteaux

Céréales et grains

* Plusieurs types de muslis et de céréales pour le petit-déjeuner contiennent des produits laitiers, particulièrement du lait en poudre semi-écrémé

Confiseries et grignotines

* Chocolat au lait ou nature
* Fudge
* Caramel anglais (toffee)
* Caramel écossais (butterscotch)
* Plusieurs sucreries
* Noix rôties enrobées de chocolat au lait ou contenant un arôme au lactose
* Plusieurs chips, particulièrement les variétés assaisonnées

Desserts

* Plusieurs desserts instantanés
* Plusieurs poudings traditionnels
* Poudings au riz en conserve
* Préparations pour pâtes et crêpes
* Gâteaux au fromage
* Mousses
* Crèmes et flans

Aliments salés

* Plusieurs soupes
* Sauces crémeuses
* Sauces à tremper à base de yogourt ou de fromage
* Plusieurs vinaigrettes et sauces à salade

* Plusieurs sauces
* Quiches et flans
* Plusieurs repas préparés
* Aliments enrobés de pâte
* Plusieurs saucisses et viandes industrielles
* Plusieurs pains à hot-dog, tartes et pâtisseries
* Pizzas
* Lasagnes et plats de pâtes
* Plusieurs gaufres

Boissons
* Succédanés de lait en poudre
* Laits frappés
* Plusieurs frappés aux fruits
* Boissons au lait malté
* Thé vendu en distributrice
* Chocolat chaud (le cacao ne contient habituellement pas de produits laitiers)
* Liqueurs et cocktails à base de crème

Gras et huiles
* Tartinades
* Plusieurs margarines contenant du babeurre, du lait écrémé ou du lactosérum en poudre
* Les tartinades faibles en gras contenant du babeurre
* Plusieurs tartinades au citron
* Tartinade au chocolat

Divers
* Le glutamate de sodium contient du lactose
* Plusieurs bouillons de légumes
* Tablettes de chocolat contenant un agent de remplissage au lactose
* Dentifrices contenant un agent de remplissage au lactose
* Édulcorants faibles en calories contenant du lactose

Produits laitiers cachés

En plus des produits laitiers facilement identifiables, plusieurs aliments préparés contiennent des protéines du lait de vache sous forme de caséine ou de lactosérum. Plusieurs personnes ignorent qu'il s'agit de produits dérivés du lait de vache. Essayez de repérer les mots suivants sur les étiquettes.

Termes utilisés sur les étiquettes indiquant la présence de lait de vache
* Beurre classé comme gras, arôme, huile ou solides
* Caséine, caséine hydrolysée, caséine-présure
* Caséinate (ammonium, calcium, magnésium, potassium, sodium)
* Caillés
* Lait sec (poudre de lait sans gras)
* Matière sèche du lait
* Protéines de lait hydrolysées
* Lactalbumine, phosphate de lactalbumine
* Lactate
* Lactoferrine
* Lactoglobuline
* Matière sèche et gras dérivés du lait
* Substituts de matière grasse
* Matière sèche de lait ou de crème sure
* Lactosérum, lactosérum délactosé, lactosérum déminéralisé, poudre de lactosérum sucrée, poudre de lactosérum, concentré de protéines de lactosérum, matière sèche du lactosérum

Préparation et salubrité des aliments

Si votre régime est très strict, il faut détecter les sources possibles de contamination. Ex.: des frites cuites dans une huile ayant préalablement servi à frire du poisson pané ou du fromage sans produits laitiers coupé sur une planche et avec le même couteau que des fromages de lait de vache.

Si votre cas est grave, consultez un spécialiste qui vous donnera toute l'information requise sur la préparation et la contamination possible des aliments.

Méfiez-vous des aliments pouvant contenir du lait de vache caché

Fromage de soja / de chèvre
Fromage végétarien
Margarine et tartinades faibles en gras
Pain, biscuits et gâteaux
Saucisses
Pains-bâtons
Crème glacée sans matière grasse du lait
Purée de pommes de terre instantanée
Musli et céréales pour petit-déjeuner
Soupes en sachet ou en conserve
Poisson pané

les substituts

Un régime sans aucun produit laitier exige que l'on évite complètement le lait de vache, de chèvre et de brebis ainsi que les produits laitiers (beurre, fromage, crème, yogourt, dérivés du lait: caséine, lactosérum, lactosérum hydrolysé, matière sèche sans gras et lactose (lait de sucre). Le lactose est aussi utilisé comme agent de remplissage dans certains produits pharmaceutiques. Les substituts suivants conviennent à ceux qui ont une allergie au lait de vache ou une intolérance au lactose. Les laits de chèvre et de brebis sont parfois tolérés par ceux qui souffrent d'une allergie au lait de vache, mais ils ne conviennent pas toujours aux personnes ayant une intolérance au lactose.

Renseignez-vous auprès de votre supermarché pour obtenir toute l'information concernant les produits que vous achetez. Plusieurs mettent à la disposition de leur clients une liste détaillée de tous les aliments sans produits laitiers qu'ils vendent.

Aliments sans produits laitiers

Puisqu'il est impossible d'établir une liste parfaitement «sécuritaire», vérifiez toujours la liste des ingrédients sur tous les emballages. Voici les produits qui sont généralement sans danger (mais lisez toujours les étiquettes!).

Fruits et légumes
- Fruits (frais, congelés et en conserve)
- Jus de fruits (frais, congelés, en conserve, en bouteille, etc.)
- Légumes (frais, congelés et séchés)
- Plusieurs marques de légumineuses en conserve
- Plusieurs marques de purée de pommes de terre instantanée

Viandes et substituts
- Viande fraîche, volaille, gibier, bacon et abats non transformés
- Plusieurs burgers, rissoles et saucisses – lire l'étiquette

Poisson et produits de la pêche
- Poisson frais ou congelé sans pâte ni enrobage
- Poisson en conserve (saumure, huile ou eau)
- Poisson fumé au naturel
- Plusieurs marques de bâtonnets de poisson

Pain et produits de boulangerie
- Plusieurs pitas, muffins et bagels – vérifier les ingrédients
- Plusieurs pâtisseries et tartes aux fruits – vérifier les ingrédients
- Meringues
- Gâteaux et biscuits maison sans produits laitiers et certaines marques du commerce – vérifier les ingrédients

Produits pour la cuisson
- Levure chimique (poudre à pâte)
- Levure fraîche et sèche
- Plusieurs farines
- Plusieurs poudres pour blanc-manger
- Plusieurs poudres pour pouding
- La plupart des chocolats noirs
- Noix de coco et fruits séchés
- Pâtisseries faites de gras végétal
- Pâte d'amandes

Céréales et grains
- Gruau et porridge
- Plusieurs marques de cérérales pour le petit-déjeuner
- Pâtes, macaronis, riz et autres grains (couscous, boulgour, etc.)

Confiseries, confitures et grignotines
- Plusieurs chocolats nature, gelées et desserts cuits
- Caroube
- Sucre, glucose, confiture, miel, mélasse, marmelade et plusieurs tartinade au citron
- Bâtonnets glacés, la plupart des sorbets et gelées
- Noix
- Bretzels
- Plusieurs croustilles de pommes de terre
- Plusieurs craquelins
- Plusieurs biscuits à l'avoine, pains croquants suédois et galettes de riz

Soupes
- Minestrone, soupe aux légumes, à l'oignon ou aux lentilles – lire les ingrédients

Sauces
- Moutardes
- Plusieurs sauces soja
- Plusieurs ketchups et purées
- Plusieurs relishs et chutneys
- Plusieurs sauces en sachet

Sauces à tremper

* Hoummos
* Salsa de tomates fraîches

Boissons

* Jus de fruits frais
* Plusieurs boissons gazeuses – lire les ingrédients
* Thé, café et cacao
* Plusieurs marques de boissons au chocolat
* Plusieurs sirops et boissons pétillantes

Tartinades, gras et huiles

* Margarine végétalienne, tartinade de soja, suif de bœuf ou végétal
* Huiles végétales et de noix pures
* Vinaigrettes, mayonnaises et sauces à salade
* Plusieurs marques de beurre d'arachide

Divers

* Sel et poivre
* Épices et fines herbes
* Vinaigre
* Vins, bières et spiritueux (prudence avec certains cocktails et liqueurs)

Lait et substituts

On trouve dans le commerce un grand éventail de substituts aux produits laitiers pouvant être utilisés dans les boissons, les céréales et plusieurs recettes.

Lait à teneur réduite en lactose

On ajoute au lait de vache de la lactase naturelle, une enzyme semblable à celle qui se trouve dans notre système digestif. Ce lait entier se vend en contenant de longue conservation et peut convenir à ceux qui ont une intolérance au lactose mais qui peuvent consommer certains produits laitiers.

Boissons et jus de soja

La boisson (jus ou lait) de soja est le choix le plus naturel pour remplacer le lait de vache, sauf en cas d'allergie au soja. Faite avec des haricots de soja, elle est offerte nature ou sucrée et en différentes saveurs. Elle est souvent enrichie de calcium et de vitamines. Elle ne contient pas de lactose ni de protéines du lait de vache. Sa teneur en gras est comparable à celle du lait semi-écrémé.

La boisson (jus ou lait) de soja nature peut remplacer le lait de vache dans les céréales, les boissons et les recettes. Sa texture est plus crémeuse que celle du lait de vache semi-écrémé même si elle renferme moins de gras. Elle a toutefois tendance à cailler dans le café régulier même si elle convient au cappuccino.

Environ 80 % des personnes allergiques au lait de vache tolèrent le soja, mais certaines peuvent avoir une réaction négative aux protéines du soja.

Les enfants âgés de moins de deux ans ne doivent pas prendre les boissons de soja comme principale source de lait. Les variétés enrichies de calcium peuvent toutefois servir à cuisiner pour les petits âgés de moins de six mois.

Lait et crème de coco
Le lait de coco est un délicieux substitut dans plusieurs recettes mais, comme le fromage et le lait entier, il est riche en gras saturés. Utilisez-le de temps à autre en le diluant avec de l'eau. Le lait de coco à faible teneur en gras est aussi recommandé.

Laits de chèvre et de brebis
Ces laits contenant du lactose, ils ne conviennent pas à ceux qui ont une allergie ou une intolérance sérieuse. Leurs protéines sont semblables mais non identiques à celles du lait de vache. Le lait de chèvre étant pauvre en acide folique, il est important que ceux qui en boivent régulièrement consomment aussi d'autres sources de cette vitamine (légumes feuillus verts, aliments complets).

Le goût de ces laits est plus prononcé que celui du lait de vache, mais le lait de brebis est plus riche en gras, ce qui le rend plus crémeux. Les enfants âgés de moins de deux ans ne doivent pas consommer ces laits comme principale source de lait.

Boisson de riz
Elle est généralement composée d'eau filtrée, de sirop de riz, d'huile végétale et de divers arômes. Elle ne contient pas de calcium, sauf si elle a été enrichie. Faible en gras, dépourvue de lactose, elle contient une quantité négligeable de protéines.

Boisson d'avoine
Composée habituellement d'avoine complète, d'huile végétale et d'eau filtrée, elle renferme peu de gras et une quantité négligeable de protéines.

Yogourts, desserts et crème glacée
Le yogourt de lait de vache régulier contient des bactéries et des enzymes qui digèrent le lactose pour produire de l'acide lactique. Il contient donc moins de lactose que le lait et est parfois toléré par ceux qui ont une faible intolérance au lactose.

Assurez-vous que le lait de brebis ou de chèvre convient à votre condition. Ceux qui doivent s'abstenir complètement de produits laitiers peuvent se tourner vers une grande variété de yogourts, desserts et crèmes glacées à base de soja.

Crèmes
Vendue en contenant de longue conservation, la crème de soja peut remplacer la crème ordinaire. On trouve aussi sur le marché de la crème de lait de chèvre, très utile pour faire de la crème fouettée.

Fromages
Les fromages à pâte dure comme le cheddar et le parmesan contiennent relativement peu de lactose. Ceux qui ont une petite intolérance au lactose peuvent en manger en petite quantité. Les fromages de chèvre et de brebis sont aussi très utiles pour cuisiner. Lisez bien les étiquettes puisque certaines marques contiennent aussi du lait de vache. Découvrez les nombreux fromages de soja maintenant offerts même s'ils ne sont pas aussi bons et ne fondent pas aussi bien que les fromages de vache. De plus, ils sont plus doux et parfois caoutchouteux.

Gras et tartinades
Certaines margarines et tartinades végétales contiennent un peu de lactosérum ou de babeurre, ce qui ne convient pas au régime sans produits laitiers. Pour tartiner ou cuisiner, prenez des tartinades de soja ou végétaliennes entièrement exemptes de produits laitiers ou encore des huiles et des gras végétaux de qualité.

Tofu

Le tofu est un aliment riche en protéines et pauvre en gras. Composé de haricots de soja fermentés, il est vendu en bloc ferme ou soyeux. Son goût peut être naturel, mariné ou fumé. Riche en calcium, il peut être apprêté dans plusieurs plats sucrés ou salés. Le tofu soyeux est recommandé pour les tartinades, sauces, garnitures et desserts. Le tofu ferme mariné remplace admirablement la viande ou le fromage.

un régime équilibré

Nous devrions tous opter pour un régime alimentaire équilibré puisque les aliments santé influent sur notre humeur et notre comportement en nous rendant plus alertes et plus énergiques. Une bonne alimentation permet mieux profiter de la vie et de réduire les risques de plusieurs problèmes de santé, dont les maladies du cœur, le diabète et le cancer.

Un régime équilibré doit inclure chaque jour une grande variété d'aliments des cinq groupes alimentaires. La liste ci-contre est un guide général et ne convient pas aux enfants de moins de cinq ans puisque leurs besoins sont différents.

Les liquides

Notre consommation de liquide est aussi importante que notre apport en aliments. Les deux tiers de notre corps sont composés d'eau, que nous éliminons par la respiration, la transpiration et l'urine. Si nous ne buvons pas suffisamment, notre niveau de vigilance et de concentration est amoindri. Si nous éliminons mal les toxines de notre organisme, nous courons un risque pour notre santé. Prenez environ 2 litres (8 verres) de liquide par jour et davantage si vous faites de l'exercice ou s'il fait chaud. Une urine de couleur pâle est signe que vous buvez assez; si elle est foncée et dégage une mauvaise odeur, vous devez boire davantage.

Les cinq groupes alimentaires pour la santé

Groupe alimentaire	Principaux nutriments	Quoi choisir?	Combien?
Pommes de terres, riz, pain, céréales, pâtes et autres grains	Glucides, fibres, vitamines B, potassium, un peu de protéines, un peu de fer, vitamine E, phytochimiques (substances chimiques présentes à l'état naturel)	Riz, pommes de terre, pâtes, nouilles, pain, craquelins et céréales sans produits laitiers	5-14 portions par jour 1 portion = 3 c. à soupe de céréales pour petit-déjeuner 1 tranche de pain/pain aux fruits/mini-pita ½ pain mollet/brioche ½ scone/crêpe/crumpet 2 pommes de terre grosses comme un œuf 3 c. à soupe de pâtes bouillies 2 c. à soupe combles de riz bouilli
Fruits et legumes	Vitamine C, acide folique, potassium, fibre, bêtacarotène, un peu de calcium, un peu de fer, magnésium, un peu de glucides	Tous les légumes: frais, congelés, en conserve, secs; jus frais	5 ou plus par jour 1 portion = 1 fruit frais moyen (ex.: 1 orange, 1 banane) 2 petits fruits (ex.: 2 kiwis, 2 prunes) 2 c. à soupe de compote ou de fruits en conserve 1 petit verre (200 ml/¾ tasse) de jus de fruits 1 c. à soupe de fruits séchés
Substituts laitiers	Calcium, protéines, vitamines A, D, B2 et B12, zinc, phosphore (phytochimiques dans les végétaux)	Produits faibles en gras: boissons, jus et yogourts de soja enrichis de calcium faibles en gras	2-3 portions par jour 1 portion = 200 ml (7 oz) de substituts de produits laitiers enrichis de calcium 120 g (½ tasse) de substitut de yogourt enrichi de calcium 25 g (1 oz) de fromage de soja
Viande, poisson et substituts	Protéines, fer, zinc, magnésium, potassium (phytochimiques dans les pois, haricots, lentilles et tofu), gras essentiels dans les poissons gras	Viandes maigres, volaille, poisson, œufs, haricots, pois, lentilles, noix, substituts de viande	2-4 portions par jour 1 portion = 50-70 g (2 oz) de bœuf, porc, jambon, agneau, foie, rognons, poulet, poisson 2 œufs 5 c. à soupe de haricots cuits (haricots rouges ou azuki) 4 c. à soupe de lentilles cuites 2 c. à soupe de noix
Aliments riches en gras et/ou en sucre	Gras, incluant certains gras essentiels, sucre, vitamines minéraux	Huiles végétales (ex.: olive, colza), soja et tartinades de soja, vinaigrettes sans produits laitiers faibles en gras	En petites quantités. À consommer au moment du repas pour éviter la carie.

Alcool

Trop d'alcool peut endommager le muscle cardiaque ou causer l'hypertension et l'obésité. Une petite quantité prise sur une base régulière peut toutefois être bonne pour la santé: pas plus de 2-3 consommations par jour pour les femmes et 3-4 pour les hommes. Une consommation =

* 300 ml de bière ou de cidre
* 1 petit verre (125 ml) de vin
* 1 verre de 50 ml de xérès ou de porto

Évitez les cocktails et les liqueurs à base de lait.

Sel

Une petite quantité de sel par jour est essentielle, mais nous avons tendance à en manger beaucoup trop. Réduisez peu à peu votre apport en sel et vos papilles s'habitueront: pas plus de 6 g (1 c. à thé) par jour. Limitez ou omettez le sel à table et en cuisinant. Lisez aussi les étiquettes des produits. Si le sel est listé sous le nom de sodium, multipliez la valeur indiquée par 2,5 pour obtenir le nombre de grammes en sel.

Exercice

Notre mode de vie étant souvent trop sédentaire, cela affecte notre santé et notre humeur. Un peu d'exercice fait sur une base régulière peut changer notre état d'esprit si nous faisons de 30 à 60 minutes d'exercice par jour. L'important est de commencer à prendre de bonnes habitudes en ce sens.

Calories

L'encadré plus bas indique approximativement le nombre de calories requises pour les hommes et les femmes de grosseur moyenne. Utilisez-le pour mieux lire les étiquettes. Par exemple, si un repas contient 50 g de gras, vous savez qu'il s'agit de plus de la moitié de la quantité recommandée par jour.

Que signifie «beaucoup»?

Beaucoup	Un peu
10 g de sucre	2 g de sucre
20 g de gras	3 g de gras
5 g de gras saturés	1 g de gras saturés
3 g de fibres	0,5 g de fibres
0,5 g de sodium	0,1 g de sodium
(ou 1,25 g de sel)	(ou 0,25 g de sel)

Calories et nutriments recommandés par jour

	Hommes	Femmes
Énergie	2500 kcal	2000 kcal
Sucre	70 g	50 g
Gras	95 g	70 g
Gras saturés	30 g	20 g
Fibres	20 g	16 g
Sodium	2,5 g	2 g
(ou sel)	7 g	5 g

Étiquette d'un musli type vendu dans le commerce (repérez les produits laitiers!)

Ingrédients

Blé entier, flocons d'avoine, raisins secs (12,5 %), sucre, poudre de lait écrémé, poudre de lactosérum, flocons de noix (3 %) (noisettes, amandes), extrait de malt, sel
Contient: gluten, lait de vache, noix

Information nutritionnelle

	Par portion de 40 g	**Par portion de 100 g**
Énergie	613 kJ	1532 kJ
	145 kcal	362 kcal
Protéines	4,1 g	10,3 g
Glucides	26,9 g	67,2 g
(sucres)	8,8 g	21,9 g
Gras	2,3 g	5,8 g
(gras saturés)	0,3 g	0,8 g
Fibres	2,8 g	6,9 g
(fibres solubles)	0,7 g	1,7 g
(fibres insolubles)	2,1 g	5,2 g
Sodium	0,07 g	0,17 g

Ces lignes directrices sont recommandées par des professionnels de la nutrition pour des adultes de poids moyen. Ajustez votre apport nutritionnel selon votre âge, votre poids, votre carrure et votre style de vie. Cette boîte contient au moins 37 portions.

Par portion de 40 g (4 c. à dessert combles)
145 calories 2,3 g de gras 0,17 g de sel

Quantités recommandées par jour

Par jour	Femmes	Hommes
Calories	2000	2500
Gras	70 g	95 g
Sel	5 g	7 g

Lire les étiquettes

Il est important de surveiller notre consommation en gras, en sucre et en sel. Sur les étiquettes des aliments et plats préparés, on peut voir la quantité de gras, de sucre, de sodium et de fibres par portion. Pour les goûters et les aliments que vous mangez en petite quantité, lisez la valeur nutritive «par 100 g».

Étiquettes

Si votre régime est complètement exempt de produits laitiers, il est vital que vous lisiez l'étiquette avant d'acheter un produit. Avec le temps, vous apprendrez à voir rapidement si un aliment vous convient ou non. Les aliments vendus en vrac n'ayant pas d'étiquette, demandez à votre épicier de vous donner toute l'information nécessaire.

Soyez vigilant!

Les manufacturiers changent parfois la liste des ingrédients de leurs produits afin d'améliorer une recette ou simplement parce qu'ils sont changé de fournisseurs. Lisez toujours les étiquettes même si vous avez l'habitude de toujours acheter les mêmes produits.

les bons achats

On trouve maintenant dans le commerce une grande variété d'ingrédients sans produits laitiers, ce qui vous facilitera la tâche au moment de faire vos achats. Utilisez la liste de la page 25 comme outil de base. De plus, les grands supermarchés peuvent vous fournir la liste des marques sans produits laitiers qu'ils vendent. Certains d'entre eux réservent à ces aliments un espace précis de leur magasin.

En changeant de régime, vous aurez l'opportunité de mieux prendre conscience de ce que vous mangez. Faites provision des aliments inclus dans les principaux groupes alimentaires mentionnés à la page 29. Remplissez votre réfrigérateur et votre congélateur de poisson, poulet, œufs, viande maigre, fruits et légumes frais ou congelés, substituts de lait, yogourt et fromage, etc. Achetez des boissons enrichies de calcium et des jus de fruits.
Assurez-vous d'avoir tous les ustensiles requis pour cuisiner.

Ustensiles indispensables

* Casseroles antiadhésives
* Wok
* Marmite à vapeur
* Mijoteuse
* Robot culinaire
* Brosses à légumes et couteaux éplucheurs
* Extracteur à jus

Faites des provisions

La liste suivante vous aidera à remplir votre garde-manger d'aliments santé sans produits laitiers

* Céréales: flocons d'avoine, riz, etc.
* Produits à base de soja: boissons, jus, crèmes, fromages et yogourts
* Légumes frais: patates douces, poivrons, brocoli, tomates, oignons, aubergines, courges, courgettes, mange-tout, oignons verts, petits pois congelés, etc.
* Fruits frais: poires, pommes, bananes, citrons, limes, litchis, mangues, etc.
* Fines herbes: coriandre, menthe, persil, etc.
* Pâtes, nouilles et riz: nouilles de riz, riz basmati et arborio, macaronis, tagliatelles, etc.
* Maïs à souffler, noix et graines nature: arachides rôties, pignons, flocons d'amandes, noisettes, graines de sésame
* Farine complète, farine blanche, farine de riz
* Sarrasin, couscous, polenta
* Fruits séchés: raisins noirs et dorés, abricots, pruneaux
* Légumineuses sèches ou en conserve: pois chiches, lentilles, haricots
* Fruits en conserve dans leur jus naturel
* Tomates, maïs et pousses de bambou en conserve
* Saumon, maquereau, thon en conserve et sardines en saumure
* Tofu
* Ail, gingembre, piments, citronnelle, olives, vinaigres, sauce de poisson, sauces soja légère et foncée sans produits laitiers, sauce tomate, moutardes, miel
* Épices: assaisonnement au chili, purées de cari, curcuma, graines de cumin, cannelle moulue, etc.
* Huiles d'olive, d'arachide, de colza, de sésame, pimentée
* Cubes de bouillon de poulet, de bœuf et de légumes
* Desserts préparés au soja de longue conservation

Cuisiner sans produits laitiers

Les substituts tels que les boissons de soja peuvent remplacer le lait dans les céréales, le thé, les sauces, les soupes, les poudings et les gâteaux (voir p. 26). Les recettes de ce livre ont été conçues pour toutes les occasions. À vous de jouer!

Suggestions de menus sans produits laitiers

	Menu 1	Menu 2	Menu 3	Menu 4	Menu 5
Matin	Frappé à la mangue (p. 138) Flocons d'avoine au miel (p. 47)	Jus d'orange frais Musli (p. 44)	Pruneaux chauds à l'orange et à la noix de coco (p. 48) 1 tranche de pain complet et pâté végétalien Boisson chaude à la citronnelle (p. 138)	Jus de pomme Crêpes à la noix de coco, aux bananes et au sirop d'érable (p. 44)	Jus d'orange frais Riz frit au jambon et aux petits pois avec œufs pochés (p. 49)
Midi	Potage aux carottes et aux patates douces (p. 72) Craquelins	Saumon grillé à la sauce au citron (p. 85) Salade verte	Poivrons farcis au riz (p. 96)	Bouillon doux à la chiffonnade d'omelette (p. 75) Petit pain de blé entier (complet)	Soupe aux nouilles et au brocoli (p. 74)
Soir	Bar au four et purée de patates douces (p. 85) Crumble aux poires (p. 129)	Risotto aux carottes et à la citrouille (p. 98) Salade épicée au jambon et au concombre (p. 67)	Côtelettes d'agneau au poivre vert, aux échalotes et à la racine de coriandre (p. 120) Salade de carottes râpées Sorbet au melon d'eau (p. 137)	Lasagne aux légumes (p. 106) Pommes au four à la crème vanillée et aux noix (p. 129)	Poulet et légumes aux noix de cajou et aux piments rôtis (p. 116) Salade de fruits orientale (p. 126)

Il n'est habituellement pas recommandé de prendre un dessert chaque jour, mais cette décision dépend aussi de votre poids et de votre besoin en calories. Un ou deux desserts par semaine suffisent si l'on souhaite maintenir son poids. Les autres jours, prenez plutôt un fruit.

nourrir les enfants

Les bébés

S'il y a des cas d'allergies alimentaires sévères dans la famille, la mère devrait éviter cet aliment pendant toute la période d'allaitement et demander un avis médical. L'allergie au lait se manifeste généralement au cours de la première année de vie, au moment de l'introduction du lait de vache dans l'alimentation. L'intolérance au lactose se manifeste souvent plus tard au cours de la vie adulte. Si possible, la mère devrait allaiter son bébé jusqu'à six mois, puis commencer le sevrage, ce qui aidera à prévenir l'allergie, surtout s'il s'agit d'un problème familial reconnu. Certains bébés semblent toutefois devoir être sevrés dès l'âge de quatre mois. Consultez votre médecin afin de prendre une décision éclairée.

Consultez un diététiste si votre bébé a une allergie aux protéines du lait. Il retrouvera toute sa vigueur dès qu'il entamera un régime sans produits laitiers. Si vous ne l'allaitez pas, on pourrait vous suggérer un lait maternisé hydrolysé dans lequel les protéines du lait de vache sont fractionnées en petites molécules. Un lait infantile à base de soja pourrait aussi être recommandé. L'avis d'un professionnel est toujours de mise.

Les jeunes enfants

Une alimentation saine est essentielle au développement physique et mental de l'enfant. Il pourra conserver toute sa vie les bonnes habitudes qu'il aura adoptées dès son plus jeune âge. On peut empêcher un enfant de manger des produits laitiers à condition de remplacer cet important groupe alimentaire par des substituts santé adéquats (boissons et yogourts de soja enrichies de calcium, etc.).

À l'école, les enfants n'aiment pas être différents de leurs camarades. Il est donc important de ne pas parler de leur régime alimentaire particulier comme s'il s'agissait d'un problème. Les jeunes adorent les produits laitiers et il faut les soutenir en leur offrant des substituts qu'ils aiment vraiment.

Petit-déjeuner

Le petit-déjeuner est le repas le plus important de la journée parce qu'il fournit le tiers des nutriments essentiels à l'enfant. Un enfant mal nourri est moins alerte, moins concentré et plus fatigué. Transformez le repas du matin en moment agréable. Offrez à votre petit une variété de céréales santé, des muffins, des bagels, de la compote de pommes, des jus, des boissons et yogourts enrichis de calcium.

Suggestions de petit-déjeuner

- Flocons d'avoine au miel (p. 47) et Frappé à la mangue (p. 138)
- Pruneaux chauds à l'orange et à la noix de coco (p. 48) et musli sans produits laitiers
- Riz frit au jambon et aux petits pois avec œufs pochés (p. 49)

À l'école

Informez la direction de l'école des besoins alimentaires particuliers de votre enfant. Le responsable de la cafétéria pourra aussi vous aider. Voici quelques suggestions:

* Pomme de terre au four sans beurre garnie de thon ou de fèves au lard
* Poulet aigre-doux et riz
* Poulet rôti, pommes de terre et légumes
* Spaghetti avec boulettes
* Casserole d'agneau et pommes de terre
* Pâté chinois ou hachis Parmentier (purée de pommes de terre au lait de soja et à la margarine végétalienne)

Desserts:

* Fruit
* Gelée de fruit
* Crumble aux fruits
* Tarte au citron meringuée
* Crêpes sans produits laitiers
* Pouding sans produits laitiers

Boîte à lunch

Remplissez-la d'aliments frais et variés.

* Pitas farcis au poulet et salade, fruit frais, dessert sans produits laitiers enrichi de calcium, crêpes maison, raisins secs, boisson sans produits laitiers
* Pilons de poulet, pita, bâtonnets de légumes, yogourt sans produits laitiers (conservé au frais), muffins et boissons sans produits laitiers
* Sandwichs roulés au saumon et aux légumes, fruit frais, crêpes maison, boisson sans produits laitiers
* Salade de couscous, fruit frais, scone sans produits laitiers, jus d'orange
* Salade de thon aux légumes et au riz, fruits séchés, dessert sans produits laitiers, gâteau aux carottes, boisson sans produits laitiers

Apprenez à votre enfant à devenir responsable de son alimentation et à ne pas échanger d'aliments avec ses amis. Discutez aussi de son cas avec ses professeurs.

Goûters et repas du soir

Servez à votre enfant des plats qu'il aime en remplaçant le lait de vache par un substitut: pâtes, macaroni, lasagne, crêpes et poudings. Plusieurs de ces mets peuvent être préparés à l'avance et congelés. Voici quelques suggestions intéressantes:

* Macaroni aux tomates cerises rôties (p. 105)
* Risotto aux carottes et à la citrouille (p. 98)
* Saumon grillé à la sauce au citron (p. 85)
* Pâté au poisson (p. 110)
* Poulet sauté à la sauce crémeuse au basilic (p. 88)

Pour varier, faites-lui découvrir de nouvelles saveurs excitantes:

* Bouillon doux à la chiffonnade d'omelette (p. 75)
* Morue à la vapeur et sauce aux légumes (p. 113)
* Poulet et riz au gingembre cuits à la vapeur (p. 89)
* Cari d'agneau aux oignons (p. 120)

Conseils pour les nourrissons et les jeunes enfants

Voici quelques conseils si votre petit doit suivre un régime sans produits laitiers.

* Au cours de sa première année, donnez-lui du lait maternel ou du lait maternisé.
* Le sevrage commence idéalement à six mois, mais parfois à quatre mois. Commencez par lui offrir des purées de pommes de terre, de poires ou de pommes. Pas de purée d'avocat ou de banane avant l'âge de six mois.
* Évitez le lait de vache, sauf avis d'un professionnel de la santé.
* Incluez des aliments riches en fer (ex.: viande rouge, jaune d'œuf, légumes feuillus verts, abricots, céréales) et en vitamine C (ex.: agrumes, cassis, kiwi, légumes feuillus verts, brocoli, poivron vert et tomates) dès qu'il atteint l'âge de six mois.
* Évitez les aliments pauvres en gras.
* Donnez-lui des repas plus variés vers la fin de sa première année.
* À un an, un enfant doit manger trois repas normaux par jour ainsi que des goûters (toast, yogourt sans produits laitiers enrichi de calcium, fruits, bâtonnets de légumes et frappés aux fruits) selon son appétit.
* Offrez-lui chaque jour deux ou trois portions d'aliments enrichis de calcium (voir p. 16).
* Si votre enfant doit manger à l'extérieur de la maison, assurez-vous que les personnes qui en prennent soin comprennent bien ses besoins alimentaires particuliers.

manger à l'extérieur

Il est important de bien planifier vos repas si vous devez manger à l'extérieur. N'hésitez pas à faire part de vos besoins particuliers à l'avance à vos proches. Cela évitera des situations embarrassantes le moment venu. Si vous participez à un repas communautaire, les choix sûrs risquent d'être limités à cause des dangers de contamination. Il faudra peut-être contacter le traiteur ou le restaurant pour discuter avec lui des différents choix qui s'offrent à vous. Voici d'autres conseils.

Chinois
Il s'agit de l'un des choix les plus sûrs puisque la cuisine chinoise utilise très peu de produits laitiers. Choisissez: poulet au citron, nouilles sautées aux légumes, canard croustillant, poulet aigre-doux, riz frit aux œufs, litchis et sorbets. Évitez: fruits panés.

Thaï
Cette cuisine utilise rarement les produits laitiers dans les plats et une infime quantité dans les desserts. Le lait et la crème de coco remplacent le lait et la crème de vache, mais ils ont une teneur élevée en gras saturés.

Choisissez: salade de nouilles transparentes au porc ou aux crevettes, légumes sautés à l'ail dans un bouillon doux, poisson grillé ou vapeur aux fines herbes, soupe de concombres à la coriandre et riz nature bouilli. Attention aux desserts contenant du lait de vache, évaporé ou condensé.

Italien
Il faut être vigilant à cause des produits laitiers utilisés dans les pizzas, pâtes et risottos. Choisissez: pâtes aux tomates séchées sans beurre, focaccias et salades, pizzas sans fromage (choisissez les garnitures), poisson frais et salade, pain à l'huile d'olive (demandez au chef), desserts aux fruits frais.

Indien
Attention au beurre clarifié (ghee), aux plats à base de crème ou de yogourt (korma). Choisissez: caris de légumes sans produits laitiers, riz, papadums et sorbets.

Pub et brasserie
Optez pour des choix simples: soupes sans produits laitiers, poisson grillé, côtelettes d'agneau. Demandez au chef de vous aider à faire votre menu.

Restaurants de burgers
Attention au pain contenant du beurre ou de la margarine et à la viande pouvant contenir des produits laitiers dérivés. Choisissez: salade sans fromage, morceaux ou pilons de poulet. Plusieurs restaurants peuvent fournir la liste des ingrédients contenu dans leurs plats.

À l'étranger
Commandez votre repas à l'avance auprès de votre compagnie aérienne et informez-vous auprès de votre hôtel des choix qui vous sont offerts. Vous pouvez aussi emporter quelques produits de substitution. Apprenez aussi à demander dans la langue du pays visité des repas qui sauront vous convenir.

les questions les plus fréquentes

Dois-je prendre un supplément vitaminique en calcium si je ne mange aucun produit laitier?
Si vous prenez un substitut enrichi en calcium, il n'est pas nécessaire de prendre un supplément. Cela dépend aussi de l'apport total en calcium fourni par votre alimentation. Ceux qui ne prennent aucun produit laitier devraient consulter un diététiste pour évaluer leurs besoins.

Je suis un régime à index glycémique peu élevé. Les substituts de lait ont-ils un index glycémique plus élevé que le lait de vache?
Les substituts ont souvent un index ou une charge glycémique similaire aux produits à base de lait de vache, mais il est important de vérifier auprès des fabricants.

Devrais-je demander à mon pharmacien si mes médicaments contiennent des produits laitiers?
Plus de 20 % des médicaments prescrits et environ 6 % des médicaments en vente libre renferment du lactose. Comme il s'agit d'une très faible quantité, seules les personnes ayant une allergie ou une intolérance très sévère en sont affectées. Renseignez-vous auprès de votre médecin ou de votre pharmacien avant de prendre n'importe quel produit. Si vous avez une réaction négative, il est possible que vous réagissiez au médicament lui-même plutôt qu'au lactose qu'il contient.

Combien de temps cela prendra-t-il avant que je commence à me sentir mieux une fois que j'aurai commencé mon régime sans produits laitiers?
Cela peut varier. Si vos symptômes sont liés à une intolérance au lactose ou à une allergie, il vous faudra patienter quelques jours ou quelques semaines avant de pourvoir observer une différence.

Renseignements
Contactez les associations de votre région qui regroupent les personnes atteintes d'allergie ou d'intolérance aux produits laitiers. Elles seront en mesure de vous donner de précieux renseignements et de vous apporter un soutien adéquat.

un mot du chef

La rédaction des recettes de ce livre aura été pour moi un grand défi. Comme je suis d'origine thaïlandaise, je n'avais jamais pris le temps de me pencher sur les problèmes d'intolérance aux produits laitiers puisque dans mon pays on n'en utilise pratiquement jamais pour cuisiner. Je me devais de bien me renseigner sur le sujet avant de me mettre à l'ouvrage.

Lorsque j'ai fait la liste des symptômes pouvant être causés par la consommation de produits laitiers, j'ai été étonnée d'apprendre que les maux d'estomac en faisaient partie. La description qu'on me faisait de cette douleur me semblait si familière que je me suis demandé si je ne faisais pas moi aussi partie des personnes atteintes. J'ai donc décidé de couper les produits laitiers de mon alimentation pendant deux semaines pour vérifier si mes doutes s'avéraient. À ma grande surprise, tous mes maux ont disparu jusqu'à ce que je recommence à ajouter du lait dans mon thé et mon café et à mettre du beurre sur mes toasts. J'utilise maintenant de la boisson (jus ou lait) de soja dans mes boissons chaudes et j'ai remplacé le beurre par de la margarine végétalienne même si le vrai beurre me manque de temps à autre. J'ai aussi parfait mes connaissances grâce à notre nutritionniste et diététiste Tanya Haffner, qui m'a renseignée sur divers ingrédients tout en veillant à ce que mes recettes soient bien équilibrées sur le plan nutritionnel.

Plusieurs recettes de ce livre contiennent de la boisson (jus ou lait) de soja ou des ingrédients permettant de faire des plats qui requièrent habituellement des produits laitiers: pâté au poisson, clam chowder, crème glacée, etc.

Même si je suis spécialisée en cuisine thaïlandaise, je suis très familière avec la cuisine occidentale parce que j'ai appris à utiliser les ingrédients de base de cette cuisine. J'ai demandé à Wimuta, l'un des chefs de mon restaunant londonien Busabong, d'être mon assistant pour les séances de photos. Il s'est dit renversé par les nombreuses étapes requises pour préparer certains plats occidentaux, comme le pâté de poisson. Il m'a même avoué qu'il préférait cuisiner les 180 plats thaïs qui figurent à notre menu plutôt que de faire une seule de ces recettes occidentales! Mais après quelques jours il a fini par se familiariser avec tous ces ingrédients et à mieux comprendre la cuisine occidentale.

Cette anecdote prouve que même si vous excellez en cuisine, il est nécessaire de bien connaître vos ingrédients afin de développer judicieusement votre créativité. Comme moi, vous verrez qu'il est vraiment très facile et satisfaisant d'utiliser des substituts à base de soja pour remplacer les produits laitiers. Laissez-moi vous faire découvrir un nouvel univers culinaire des plus intéressants.

1

petits-déjeuners et fringales

musli

Le musli vendu dans le commerce contient souvent des produits laitiers. Si vous préparez le vôtre à l'avance, mettez le musli grillé et les fruits secs dans des contenants hermétiques séparés que vous garderez dans un endroit frais et sec.

60 g (½ tasse) de noix et de graines mélangées (flocons d'amande, noisettes hachées, graines de tournesol, etc.)
125 g (1 tasse) de musli sans sucre ni produits laitiers
100 g (1 tasse) de fruits séchés mélangés (bananes, raisins secs noirs ou dorés, dattes, abricots et pruneaux, dénoyautés et hachés)

Pour servir
1,5 litre (6 tasses) de boisson ou de jus de soja
Tranches de pêche et de fraise
Cassonade ou miel (facultatif)

4 portions

Dans une poêle sèche, à feu doux, griller les noix et les graines sans huile en remuant souvent jusqu'à ce qu'elles soient dorées. Laisser refroidir à température ambiante sans couvrir.

Faire griller le musli de la même façon et laisser refroidir.

Mélanger les fruits secs avec les noix, les graines et le musli refroidis.

Servir avec de la boisson de soja et les garnitures suggérées, au goût.

PAR PORTION: CAL: 256; MATIÈRE GRASSE: 9,1 G (1,3 G GRAS SATURÉ); PROTÉINES TOTALES: 15,4 G; PROTÉINES DU SOJA: 8,8 G; CALCIUM: 360 MG; SODIUM: 0,05 G.

crêpes à la noix de coco, aux bananes et au sirop d'érable

La noix de coco plaît habituellement beaucoup aux personnes qui ne peuvent pas manger de produits laitiers.

3 ½ c. à soupe de sucre semoule (super fin)
4 ½ c. à soupe de farine de riz
75 g (½ tasse) de farine, tamisée
50 g (½ tasse) de noix de coco sèche
1 gros œuf
310 ml (1 ¼ tasse) de boisson ou de jus de soja
3 ou 4 figues sèches, hachées finement
1 c. à thé (à café) de zeste de lime, râpé
Un peu d'huile végétale ou de margarine végétalienne

Pour le sirop d'érable et les bananes
1 c. à soupe de margarine végétalienne
2 bananes, en rondelles de 5 mm (¼ de po)
2 c. à soupe de sirop d'érable
1 ½ c. à soupe de jus de lime frais

Pour servir
Quartiers de lime
Sirop d'érable

4 portions

Dans une poêle, faire fondre la margarine à feu doux, puis faire revenir les bananes en remuant pour bien les enrober. Incorporer le sirop d'érable et le jus de lime. Retirer du feu et réserver.

Dans un grand bol, bien mélanger le sucre, les deux farines et la noix de coco. Dans un autre bol, battre l'œuf et la boisson de soja à l'aide d'une fourchette. Verser sur les ingrédients secs et mélanger doucement. À l'aide d'un fouet, battre la préparation pour obtenir une pâte ne contenant pas de gros grumeaux. Incorporer les figues et le zeste.

Chauffer un peu d'huile dans une poêle antiadhésive. Verser environ 3 c. à soupe de la préparation et l'étaler rapidement avec le dos d'une cuillère pour obtenir une épaisseur uniforme. Cuire 40 à 50 secondes à feu vif, jusqu'à ce que des bulles apparaissent à la surface. Retourner à l'aide d'une spatule et cuire jusqu'à ce que le dessous soit doré. Faire les autres crêpes de la même façon. Servir avec les bananes au sirop d'érable et les garnitures suggérées, au goût.

PAR PORTION: CAL: 489; MATIÈRE GRASSE: 21,4 G (10,1 G GRAS SATURÉ); PROTÉINES TOTALES: 8,7 G; PROTÉINES DU SOJA: 2,3 G; CALCIUM: 104 MG; SODIUM: 0,15 G.

patates douces au sirop de gingembre

On peut aussi déguster ce plat réconfortant à l'heure du goûter.

1 racine de gingembre, lavée et coupée en morceaux
625 ml (2 ½ tasses) d'eau
500 g (3 tasses) de patates douces, pelées et en morceaux d'environ 2 x 1 cm (¾ x ½ po)
100 g (½ tasse) de sucre
4 brins de menthe
Quelques fines lamelles de gingembre frais (garniture)

4 portions

Aplatir légèrement les morceaux de gingembre à l'aide d'un maillet ou d'un pilon. Dans une casserole, porter l'eau à ébullition et ajouter les patates douces. Dès que l'eau revient à ébullition, ajouter les morceaux de gingembre et laisser mijoter environ 20 minutes, jusqu'à tendreté.

Ajouter le sucre et remuer doucement jusqu'à dissolution.

Retirer du feu et servir dans des bols. Retirer et jeter les morceaux de gingembre. Garnir de menthe et de lamelles de gingembre.

PAR PORTION: CAL: 210; MATIÈRE GRASSE: 0,4 G (0,2 G GRAS SATURÉ); PROTÉINES TOTALES: 1,6 G; CALCIUM: 33 MG; SODIUM: 0,05 G.

flocons d'avoine au miel

Servez ces bonnes céréales chaudes avec un peu de miel, de cassonade ou de raisins secs.

150 g (1 ½ tasse) de flocons d'avoine
750 ml (3 tasses) de boisson ou de jus de soja
750 ml (3 tasses) d'eau
Miel ou cassonade (facultatif)
Raisins secs (facultatif)

4 portions

Dans une casserole, bien mélanger les flocons d'avoine, la boisson de soja et l'eau.

Porter à ébullition à feu moyen, baisser le feu et laisser mijoter environ 5 minutes, jusqu'à épaississement, en remuant de temps à autre.

Ajouter le miel et les raisins secs, au goût.

PAR PORTION: CAL: 187; MATIÈRE GRASSE: 5,4 G (0,8 G GRAS SATURÉ); PROTÉINES TOTALES: 10,5 G; PROTÉINES DU SOJA: 5 G; CALCIUM: 43 MG; SODIUM: 0,05 G.

pruneaux chauds à l'orange et à la noix de coco

Voici un plat à la fois léger et réconfortant pour les matins frisquets. Une bonne façon naturelle de contrer les problèmes de constipation!

250 g (1 ¾ tasse) de pruneaux séchés, dénoyautés
250 ml (1 tasse) de jus d'orange pur
1 grosse orange
2 c. à soupe de crème de coco
Cassonade

4 portions

Dans une casserole, laisser tremper les pruneaux dans le jus d'orange pendant 30 minutes. Porter à ébullition, baisser le feu, couvrir et cuire environ 20 minutes.

Entre-temps, prélever le zeste de l'orange et le couper en minces filaments (on a besoin d'environ 2 c. à soupe).

Servir les pruneaux dans des bols et ajouter ½ c. à soupe de crème de coco dans chacun. Parsemer de zeste et de cassonade.

PAR PORTION: CAL: 175; MATIÈRE GRASSE: 2,6 G (2,2 G GRAS SATURÉ); PROTÉINES TOTALES: 2,7 G; CALCIUM: 55 MG; SODIUM: 0,01 G.

pain doré au miel

Ce pain doré a le goût et l'odeur de délicieux beignets au miel.

Huile végétale (pour la friture)
4 œufs moyens
4 tranches de pain blanc
4 c. à soupe de miel

4 portions

Dans une grande poêle profonde, à feu moyen, chauffer suffisamment d'huile végétale pour couvrir la largeur d'une tranche de pain. L'huile doit atteindre 180 °C (350 °F) sinon le pain doré sera très huileux.

Entre-temps, dans un grand bol, battre vigoureusement les œufs à l'aide d'une fourchette.

Tremper une tranche de pain dans les œufs, puis la mettre dans l'huile chaude. À l'aide d'une pince, la retourner à quelques reprises jusqu'à ce qu'elle soit bien dorée. Faire la même chose avec le reste du pain.

Laisser égoutter le pain doré dans une assiette couverte de papier absorbant.

Arroser de miel et servir.

PAR PORTION: CAL: 246; MATIÈRE GRASSE: 11,3 G (2,2 G GRAS SATURÉ); PROTÉINES TOTALES: 9,2 G; CALCIUM: 68 MG; SODIUM: 0,25 G.

riz frit au jambon et aux petits pois avec œufs pochés

Ce riz fera votre bonheur à n'importe quel moment de la journée!

410 ml (1 ⅔ tasse) d'huile végétale ou d'huile d'arachide
300 g (10 oz) de poulet sans peau et désossé, en fines lamelles
300 g (10 oz) de jambon cuit, en petits dés
1 kg (6 tasses) de riz, bouilli (recette ci-contre)
80 g (½ tasse) d'oignons, en fines tranches
80 g (½ tasse) de petits pois, écossés
1 c. à thé (à café) de sucre
2 c. à thé (à café) de sel
2 c. à soupe de ketchup
4 œufs

4 portions

Chauffer une poêle ou un wok à feu moyen. Verser l'huile et faire revenir le poulet jusqu'à ce qu'il soit presque complètement cuit. Ajouter le jambon et remuer doucement pendant 30 secondes.

Ajouter le riz, remuer, puis incorporer les oignons et les petits pois. Assaisonner avec le sucre, le sel et le ketchup en remuant avec soin.

Entre-temps, porter de l'eau à ébullition dans une casserole. Casser les œufs un à un dans une soucoupe, puis les faire glisser dans l'eau au fur et à mesure. Éteindre le feu, couvrir et laisser pocher 3 minutes, jusqu'à ce que les blancs soient pris et les jaunes encore liquides. Servir le riz dans des bols et couvrir chaque portion avec un œuf poché.

PAR PORTION: CAL: 619; MATIÈRE GRASSE: 32,9 G (5,5 G GRAS SATURÉ); PROTÉINES TOTALES: 38,5 G; CALCIUM: 53 MG; SODIUM: 1,48 G.

riz bouilli

Voici deux façons de cuire le riz: dans un cuiseur à riz électrique ou dans une casserole sur la cuisinière.

400 g (2 tasses) de riz au jasmin ou de riz blanc à grain long
660 ml (2 ⅔ tasses) d'eau

Donne 1 kg (6 tasses)

Cuiseur à riz électrique

Dans une passoire, rincer le riz à l'eau chaude jusqu'à ce qu'elle devienne parfaitement claire.

Mettre le riz dans la cocotte du cuiseur, puis verser l'eau.

Essuyer l'extérieur de la cocotte, puis la placer dans le cuiseur. Cuire jusqu'à ce que la lumière s'éteigne automatiquement.

Laisser reposer 10 minutes avant de servir le riz ou de l'utiliser dans une recette.

Casserole

Rincer le riz tel qu'indiqué précédemment, puis le mettre dans une casserole avec l'eau.

Couvrir et porter à ébullition à feu moyen. Remuer de temps à autre en évitant d'abîmer les grains. Lorsque l'eau commence à s'évaporer, couvrir et laisser mijoter à feu très doux.

Lorsque l'eau s'est complètement évaporée et que le riz est cuit, éteindre le feu. Laisser reposer à couvert sur le feu éteint pendant 10 minutes avant de servir le riz ou de l'utiliser dans une recette.

PAR PORTION: CAL: 330; MATIÈRE GRASSE: 0,8 G (0,2 G GRAS SATURÉ); PROTÉINES TOTALES: 7,7 G; CALCIUM: 4 MG; SODIUM: 0,01 G.

soupe de riz au poisson et aux racines de coriandre

Les racines de coriandre ont une saveur plus intense que les tiges et les feuilles. Vous pouvez vous en procurer facilement dans les épiceries orientales, sinon utilisez des tiges.

1,8 litre (7 tasses) de bouillon de légumes
3 racines de coriandre fraîche, pilées
400 g (2 ½ tasses) de riz, bouilli (recette page 49)
2 c. à soupe de sauce de poisson
2 c. à thé (à café) de sucre
500 g (1 lb) de filets de vivaneau
Sel et poivre blanc

Pour les piments dans le vinaigre
4 gros piments variés, en fines rondelles
Vinaigre de malt

Pour l'ail croustillant
3 c. à soupe d'huile végétale
6 gousses d'ail, écrasées

Pour la garniture
2 oignons verts, hachés
Brins de coriandre fraîche

4 portions

Piments dans le vinaigre: Mettre les rondelles de piment dans un bol et couvrir de vinaigre de malt à hauteur. Laisser mariner au moins 30 minutes.

Ail croustillant: Dans une poêle ou un wok, à feu doux, faire revenir l'ail dans l'huile en remuant sans cesse. Réserver dans un bol.

Mettre le bouillon et les racines de coriandre dans une grande casserole. Porter à ébullition, ajouter le riz et laisser mijoter 15 minutes. Assaisonner avec la sauce de poisson et le sucre. Ajouter les filets de poisson et laisser mijoter jusqu'à ce qu'ils soient complètement cuits.

Servir la soupe dans des bols. Saler et poivrer au goût, puis bien mélanger. Garnir d'ail croustillant, d'oignons verts et de brins de coriandre. Servir les piments marinés en accompagnement.

PAR PORTION: CAL: 338; MATIÈRE GRASSE: 10,3 G (1,3 G GRAS SATURÉ); PROTÉINES TOTALES: 28,2 G; CALCIUM: 118 MG; SODIUM: 1,34 G

2

salades et hors-d'œuvre

salade de fruits aux échalotes croustillantes

Le sucre semoule est beaucoup plus fin que le sucre granulé ordinaire.

12 raisins sans pépins
1 pomme Granny Smith, évidée et hachée en petits cubes
1 pomme rouge, évidée et hachée en petits cubes
1 papaye mûre et ferme, pelée et hachée en petits cubes
Quelques feuilles de coriandre
Galettes de riz

Pour la vinaigrette
1 c. à soupe de sauce de poisson
1 piment oiseau, haché finement
1 gousse d'ail, écrasée
1 c. à thé (à café) de sucre semoule (super fin)
3 c. à soupe de carottes, râpées
1 ½ c. à soupe de jus de citron frais

Pour les échalotes croustillantes
2 c. à soupe d'huile végétale
2 échalotes, en fines tranches

2 portions

Échalotes croustillantes: Chauffer l'huile dans un wok à feu moyen. Faire sauter les échalotes en remuant jusqu'à ce qu'elles soient dorées et croustillantes. Laisser égoutter sur du papier absorbant. Réserver.

Vinaigrette: Dans un bol, mélanger la sauce de poisson, les piments, l'ail et le sucre en remuant jusqu'à dissolution du sucre. Ajouter les carottes et le jus de citron. Bien mélanger.

Mettre tous les fruits dans un grand bol et mélanger doucement avec la vinaigrette. Ajouter les échalotes croustillantes et remuer. Servir la salade dans une grande assiette, parsemer de coriandre et accompagner de galettes de riz.

PAR PORTION: CAL: 249; MATIÈRE GRASSE: 11,4 G (1,3 G GRAS SATURÉ); PROTÉINES TOTALES: 2,8 G; CALCIUM: 56 MG; SODIUM: 0,59 G.

salade de riz sauvage aux fines herbes

Le riz froid est toujours apprécié et délicieux en salade.

200 g (1 ¼ tasse) de riz sauvage, cuit et chaud
Sel, au goût
1 tomate, hachée
3 c. à soupe de haricots rouges en conserve, rincés et égouttés
2 c. à soupe de poivron rouge, haché
2 c. à soupe de poivron vert, haché
1 c. à soupe de feuilles de basilic, hachées
1 gousse d'ail, écrasée
1 c. à thé (à café) de zeste de lime, râpé
1 c. à soupe de jus de lime frais
2 c. à soupe de jus d'orange frais
Échalotes croustillantes (voir recette précédente)

2 portions

Dans un bol, mélanger le riz sauvage et le sel. Laisser refroidir à température ambiante. Ajouter tous les autres ingrédients et remuer doucement.

PAR PORTION: CAL: 260; MATIÈRE GRASSE: 11,7 G (1,4 G GRAS SATURÉ); PROTÉINES TOTALES: 7,4 G; CALCIUM: 39 MG; SODIUM: 0,19 G.

quiche aux tomates et aux épinards

Cette quiche est un peu plus raffinée qu'une pizza. Préparez-la pour recevoir vos amis en toute simplicité.

225 g (1 ½ tasse) de farine et un peu plus pour le saupoudrage
100 g (½ tasse) + 2 c. à soupe de margarine végétalienne froide, en petits cubes
Sel et poivre noir du moulin
3 ½ c. à soupe d'eau froide
2 œufs
2 jaunes d'œufs
500 ml (2 tasses) de crème de soja
100 g (1 tasse) de fromage de soja (style cheddar), râpé
1 courgette, en fines tranches
60 g (2 oz) de feuilles d'épinards, blanchies, égouttées et épongées
2 tomates, en fines tranches

6 à 8 portions

Préchauffer le four à 180 °C/350 °F/gaz 4.

À l'aide du robot culinaire, réduire la farine en miettes avec la margarine et ½ c. à thé (à café) de sel. Ajouter l'eau et mélanger rapidement jusqu'à formation d'une pâte ferme. (On peut aussi faire cette étape à la main.)

Sur une surface farinée, abaisser la pâte et l'étendre dans un moule à quiche de 9 po (23 cm) à fond mobile. Presser la pâte dans le fond et sur les côtés, puis retirer l'excédent. Piquer le fond avec une fouchette, puis remplir avec du papier d'aluminium froissé.

Cuire au four 15 minutes, jusqu'à ce que la pâte soit complètement cuite. Retirer du four et retirer le papier d'aluminium. Baisser le feu à 160 °C/325 °F/gaz 3.

Dans un bol, battre les œufs, les jaunes d'œufs et la crème de soja jusqu'à consistance lisse. Incorporer le fromage et les légumes. Saler et poivrer au goût.

Verser la préparation dans le moule et cuire au four de 25 à 30 minutes, jusqu'à ce que la quiche soit prise et que le dessus soit légèrement doré. Servir chaud ou froid avec une salade.

PAR PORTION (POUR 8): CAL: 402; MATIÈRE GRASSE: 30,1 G (5,6 G GRAS SATURÉ); PROTÉINES TOTALES: 10,2 G; PROTÉINES DU SOJA: 2,2 G; CALCIUM: 190 MG; SODIUM: 0,35 G.

légumes croustillants à la sauce aux prunes

Ce plat est moins nocif pour la santé que les aliments frits habituels. Préparez-le avec vos légumes préférés pourvu qu'ils soient suffisamment fermes. On peut se procurer des prunes salées umeboshi dans les magasins d'aliments naturels et les épiceries japonaises.

250 g (1 ⅔ tasse) de farine
310 ml (1 ¼ tasse) d'eau
½ c. à thé (à café) de sel
1 c. à thé (à café) de poivre blanc
Huile végétale (pour la friture)
60 g (⅓ de tasse) d'épis de maïs miniatures
80 g (1 tasse) de bouquets de brocoli, coupés en bouchées
80 g (⅔ de tasse) de carottes, en bâtonnets d'environ 4 cm (1 ½ po) de longueur et 1 cm (½ po) d'épaisseur
80 g (1 tasse) de bouquets de chou-fleur, coupés en bouchées
80 g (⅔ de tasse) de haricots verts, équeutés et effilés
1 gros oignon, coupé en 8 quartiers

Pour la sauce aux prunes
1 prune salée (umeboshi), dénoyautée et pilée
180 ml (¾ de tasse) de vinaigre de malt
100 g (½ tasse) de sucre
125 ml (½ tasse) d'eau
1 c. à soupe de carottes, râpées

4 portions

Sauce aux prunes: Dans une petite casserole, à feu doux, mélanger la prune salée, le vinaigre, le sucre et l'eau jusqu'à dissolution du sucre. Ajouter les carottes et laisser mijoter jusqu'à épaississement sans cesser de remuer. Retirer du feu et laisser refroidir. On peut préparer cette sauce à l'avance et la garder dans un contenant hermétique placé au réfrigérateur. Laisser reposer à température ambiante avant de l'utiliser afin qu'elle ne soit pas trop collante.

Mettre la farine dans un grand bol. Ajouter l'eau et mélanger à l'aide d'un fouet jusqu'à consistance lisse. Ajouter le sel et le poivre, puis donner un bon coup de fouet pour dissoudre le sel.

Pour la friture, verser suffisamment d'huile végétale dans un wok et chauffer à feu vif jusqu'à ce qu'elle atteigne 180 °C (350 °F).

Tremper les épis de maïs dans la farine délayée et secouer l'excédent. Mettre les épis de maïs dans l'huile chaude jusqu'à ce qu'ils soient bien dorés. Retirer du wok à l'aide d'une cuillère métallique ou d'une pince et réserver au chaud sur du papier absorbant. Cuire tous les autres légumes séparément de la même manière.

Servir les légumes croustillants accompagnés d'un bol de sauce aux prunes.

PAR PORTION: CAL: 581; MATIÈRE GRASSE: 26,5 G (3,1 G GRAS SATURÉ); PROTÉINES TOTALES: 9,1 G; CALCIUM: 135 MG; SODIUM: 0,46 G.

salade de noix de cajou au gingembre et aux piments

Voici comment transformer de simples noix de cajou en un plat très appétissant!

150 g (1 ¼ tasse) de noix de cajou nature
1 morceau de gingembre de 2,5 cm (1 po), pelé et coupé en julienne
2 piments oiseaux, hachés finement
3 oignons verts, en rondelles
Un peu de sel marin

2 ou 3 portions

Préchauffer le four à 160 °C/325 °F/gaz 3 et rôtir les noix à sec pendant 5 à 10 minutes.

Dans un grand bol, mélanger les noix encore chaudes avec le gingembre, les piments et les oignons verts. Remuer doucement, puis saler au goût.

PAR PORTION (POUR 3): CAL: 321; MATIÈRE GRASSE: 27,5 G (3 G GRAS SATURÉ); PROTÉINES TOTALES: 9,1 G; CALCIUM: 20 MG; SODIUM: 0,21 G.

salade épicée au saumon fumé

Voici une manière originale de servir le saumon fumé. Cette salade très colorée est apprêtée avec une vinaigrette à la fois épicée et rafraîchissante.

2 piments oiseaux
2 gousses d'ail
2 c. à soupe de jus de lime
1 c. à thé (à café) de sucre semoule (super fin)
200 g (7 oz) de tranches de saumon fumé
4 échalotes, en fines tranches
1 morceau de gingembre de 2,5 cm (1 po), pelé et coupé en julienne
Ciboulette fraîche, coupée en morceaux de 5 cm (2 po)

2 portions

Préparer une vinaigrette en broyant légèrement les piments et les gousses d'ail à l'aide d'un pilon et d'un mortier. Ajouter le jus de lime et le sucre et bien mélanger.

Mettre le saumon dans un grand bol. Ajouter les échalotes, le gingembre et la vinaigrette. Servir dans une grande assiette et garnir de ciboulette.

PAR PORTION: CAL: 166; MATIÈRE GRASSE: 4,6 G (0,9 G GRAS SATURÉ); PROTÉINES TOTALES: 26,4 G; CALCIUM: 29 MG; SODIUM: 1,88 G.

pétoncles épicés sur le gril

La sauce au piment et à l'ail se conserve 3 mois au réfrigérateur.

2 gousses d'ail, pilées avec 1 racine de coriandre fraîche pour faire une purée
125 ml (½ tasse) de crème de coco
1 ½ c. à soupe de sauce de poisson
½ c. à thé (à café) de cumin moulu
½ c. à thé (à café) de coriandre moulue
½ c. à thé (à café) de poivre blanc
500 g (1 lb) de pétoncles
2 gros poivrons rouges, évidés et coupés en carrés de 2,5 cm (1 po)
Quelques feuilles de coriandre

Pour la sauce au piment et à l'ail
6 piments rouges frais
6 gousses d'ail
180 ml (¾ de tasse) de vinaigre de malt
100 g (½ tasse) de sucre
1 c. à thé (à café) de sel

4 portions

Épépiner 3 des piments, puis hacher les 6 ensemble. À l'aide d'un petit robot culinaire ou d'un pilon et d'un mortier, réduire les piments et l'ail en purée. Dans une petite casserole, chauffer le vinaigre à feu doux. Ajouter le sucre et le sel et remuer jusqu'à dissolution. Ajouter la sauce au piment et à l'ail et laisser épaissir en remuant de temps à autre. Laisser refroidir à température ambiante.

Dans un grand bol, mélanger la purée d'ail et de coriandre avec la crème de coco et la sauce de poisson. Incorporer le cumin, la coriandre moulue et le poivre. Ajouter les pétoncles en prenant soin de bien les enrober. Couvrir et laisser mariner environ 20 minutes au réfrigérateur.

Faire tremper 8 à 10 brochettes de bois de 18 cm (7 po) dans l'eau froide. Préchauffer le barbecue à température élevée. Enfiler 3 ou 4 pétoncles sur chacune des brochettes en alternant avec des morceaux de poivron. Griller environ 2 minutes, en retournant à mi-cuisson, jusqu'à ce que la chair des pétoncles soit opaque. Servir chaud avec la sauce et quelques feuilles de coriandre.

PAR PORTION: CAL: 351; MATIÈRE GRASSE: 10,8 G (7,8 G GRAS SATURÉ); PROTÉINES TOTALES: 27,2 G; CALCIUM: 154 MG; SODIUM: 0,92 G.

darnes de thon à la salsa d'agrumes

Une recette sucrée-salée très légère et regorgeant de saveurs!

2 gousses d'ail, hachées très finement
1 c. à thé (à café) de coriandre moulue
1 c. à thé (à café) de sel
2 c. à thé (à café) de jus de lime frais
4 darnes de thon
1 c. à soupe d'huile d'olive
4 brins de coriandre

Pour la salsa d'agrumes
1 petite orange ou mandarine, pelée et hachée en petits morceaux (sans membrane blanche)
½ pamplemousse, pelé et haché en petits morceaux (sans membrane blanche)
Le jus de 1 citron
Quelques tranches d'ananas, en petits morceaux
1 tomate, hachée
2 c. à soupe d'échalotes, hachées
1 c. à soupe de sauce de poisson
1 piment oiseau, broyé

4 portions

Dans un grand bol, mélanger l'ail, la coriandre moulue, le sel et le jus de lime. Mettre les darnes de thon une à une dans la marinade en les enrobant bien. Couvrir le bol de pellicule plastique et laisser mariner au réfrigérateur environ 30 minutes.

Entre-temps, préparer la salsa en mélangeant tous les ingrédients dans un bol. Couvrir et réserver au réfrigérateur.

Chauffer l'huile dans une poêle à fond cannelé. Badigeonner les darnes avec le reste de la marinade et cuire à feu vif de 2 à 3 minutes de chaque côté.

Découper chaque darne en tranches fines. Garnir de coriandre et servir avec la salsa.

PAR PORTION: CAL: 261; MATIÈRE GRASSE: 9,8 G (2,7 G GRAS SATURÉ); PROTÉINES TOTALES: 37,1 G; CALCIUM: 52 MG; SODIUM: 0,85 G.

crevettes en croûte d'arachides sur salade de carottes et de rutabagas

Les crevettes et les arachides: un mariage voué au succès!

1 gousse d'ail, réduite en purée avec 1 racine de coriandre
1 ½ c. à soupe de sauce de poisson
5 à 6 c. à soupe d'eau
1 œuf, battu
75 g (½ tasse) de farine de riz
1 c. à soupe de fécule de maïs
2 feuilles de combava (lime kaffir), en filaments
½ c. à thé (à café) de poivre blanc
Huile végétale (pour la friture)
16 crevettes tigrées moyennes crues, décortiquées et déveinées (laisser la queue)
80 g (½ tasse) d'arachides, rôties à sec et hachées
4 brins de coriandre

Pour la salade
1 c. à thé (à café) de sucre semoule (super fin)
1 piment oiseau, broyé
1 c. à soupe de sauce de poisson
1 ½ c. à soupe de jus de citron frais
40 g (⅓ de tasse) de rutabagas (choux-navets), en julienne
40 g (⅓ de tasse) de carottes, en julienne
1 grosse tomate, en quartiers

4 portions

Dans un saladier, mélanger le sucre, le piment, la sauce de poisson et le jus de citron. Ajouter les rutabagas, les carottes et les tomates. Remuer doucement pour bien tout enrober.

Dans un autre bol, mélanger la purée d'ail et de coriandre avec la sauce de poisson. Incorporer 5 c. à soupe d'eau et l'œuf battu.

Dans un autre bol, mélanger la farine de riz, la fécule de maïs, le combava et le poivre. Incorporer doucement la purée d'ail et de coriandre et ajouter de l'eau au besoin. Mélanger pour obtenir une pâte épaisse.

Verser suffisamment d'huile végétale dans un wok et chauffer à feu vif jusqu'à ce qu'elle atteigne 180 °C (350 °F). Tenir une crevette par la queue, la tremper dans la pâte et la passer ensuite dans les arachides en les faisant adhérer à la chair avec l'autre main.

Mettre doucement 4 ou 5 crevettes dans l'huile chaude et frire jusqu'à ce qu'elles soient croustillantes et dorées. Laisser égoutter dans une assiette couverte de papier absorbant et réserver au chaud pendant la cuisson des autres crevettes.

Répartir la salade dans des assiettes, disposer 4 crevettes sur chaque portion et garnir de coriandre.

PAR PORTION: CAL: 438; MATIÈRE GRASSE: 27,4 G (4,1 G GRAS SATURÉ); PROTÉINES TOTALES: 21,1 G; CALCIUM: 95 MG; SODIUM: 1,03 G.

salade de poisson grillé au cumin

Ce plat serait fade sans la superbe purée d'ail et de coriandre.

2 gousses d'ail, pilées avec 1 racine de coriandre fraîche pour faire une purée
125 ml (½ tasse) de crème de coco
1 c. à soupe de sauce de poisson
½ c. à thé (à café) de cumin moulu
Poivre noir du moulin
400 g (14 oz) de queue de lotte de mer (baudroie), coupée en 12 cubes
½ poivron rouge, évidé et coupé en bouchées

Pour servir
2 c. à soupe de sauce au piment et à l'ail maison (recette page 60) ou du commerce
Salade de fines herbes
1 lime

2 portions

Dans un grand bol, mélanger la purée d'ail et de coriandre avec la crème de coco et la sauce de poisson. Incorporer le cumin et le poivre. Ajouter les morceaux de poisson et bien les enrober. Couvrir et laisser mariner au réfrigérateur environ 20 minutes.

Faire tremper 4 brochettes de bois de 18 cm (7 po) dans l'eau froide.

Préchauffer le barbecue à température élevée. Enfiler 3 morceaux de poisson sur chacune des brochettes en alternant avec des morceaux de poivron. Griller environ 2 minutes, en retournant à mi-cuisson, jusqu'à ce que le poisson soit cuit.

Servir chaud sur la salade de fines herbes. Napper de sauce et arroser de jus de lime.

PAR PORTION: CAL: 169; MATIÈRE GRASSE: 9,3 G (7,6 G GRAS SATURÉ); PROTÉINES TOTALES: 17,7 G; CALCIUM: 22 MG; SODIUM: 0,31 G.

sauce épicée au maquereau fumé

Mélangez les ingrédients à l'aide d'un pilon et d'un mortier, sinon utilisez le robot culinaire.

6 gousses d'ail
1 oignon rouge, coupé en deux
100 g (3 ½ oz) de piments rouges et verts entiers
110 g (⅔ de tasse) de poivrons rouges et verts, évidés
4 c. à soupe de sauce de poisson
½ c. à soupe de sucre
4 c. à soupe de jus de citron frais
2 c. à soupe d'eau, bouillie et refroidie
180 g (6 oz) de filets de maquereau fumé, en petits morceaux
Feuilles de coriandre fraîche, au goût
Bruschetta grillée ou légumes crus (carotte, céleri, concombre, tomate, courgette, etc.)

3 ou 4 portions

Préchauffer le four à 150 °C/300 °F/gaz 2. Mettre les gousses d'ail, les oignons, les piments et les poivrons sur une plaque de cuisson. Cuire au four environ 45 minutes, en retournant à mi-cuisson, jusqu'à tendreté. Laisser refroidir un peu à température ambiante.

Peler les piments et les poivrons. Couper les oignons et les poivrons en petits cubes.

À l'aide du robot culinaire, mélanger doucement l'ail et les oignons pour obtenir une purée grossière. Ajouter les piments, les poivrons, la sauce de poisson, le sucre, le jus de citron et l'eau. Ajouter le poisson et réduire en purée grossière.

Transvider dans un bol et incorporer la coriandre. Servir avec de la bruschetta grillée ou comme sauce à tremper avec des légumes crus.

PAR PORTION (POUR 3): CAL: 266; MATIÈRE GRASSE: 18,5 G (4,5 G GRAS SATURÉ); PROTÉINES TOTALES: 16,2 G; CALCIUM: 51 MG; SODIUM: 1,98 G.

fricadelles de poisson au cari

La lotte de mer convient parfaitement pour faire des fricadelles souples. La morue ne pourrait pas donner un aussi bon résultat.

1 ½ c. à soupe d'huile végétale et un peu plus pour la friture
10 feuilles de combava (lime kaffir), hachées finement
4 c. à soupe de purée de cari rouge du commerce
500 g (1 lb) de filets de lotte de mer (baudroie)
1 œuf
4 c. à thé (à café) de sucre
2 c. à soupe de sauce de poisson
90 g (¾ de tasse) de haricots verts, équeutés, effilés et hachés finement
Quelques feuilles de basilic, hachées (facultatif)

Pour la sauce au piment et aux arachides
250 ml (1 tasse) de sauce au piment et à l'ail maison (recette page 60) ou du commerce
3 c. à soupe de concombre, épépiné et haché finement
3 c. à soupe de carottes, hachées finement
1 ½ c. à soupe d'arachides, rôties et broyées
1 c. à soupe de vinaigre de malt

Donne 20 bouchées de fricadelle (4 ou 5 portions)

Chauffer 1 ½ c. à soupe d'huile végétale dans un wok ou une casserole. Faire sauter la moitié des feuilles de combava avec la purée de cari environ 1 minute.

Dans un bol, bien mélanger tous les ingrédients de la sauce au piment et aux arachides. Réserver à température ambiante.

À l'aide du robot culinaire, faire une purée grossière en mélangeant le poisson, la purée de cari, l'œuf, le sucre et la sauce de poisson.

Verser la purée dans un grand bol et pétrir avec les mains. Ajouter les haricots, le basilic et le reste du combava. Pétrir jusqu'à ce que tous les ingrédients soient bien répartis. Avec les doigts légèrement huilés, prélever 1 c. à soupe de la purée, façonner une boule et l'aplatir un peu. Procéder ainsi jusqu'à épuisement de la purée. Pour la friture, verser suffisamment d'huile végétale dans un wok et chauffer à feu vif jusqu'à ce qu'elle atteigne 180 °C (350 °F).

En procédant par étapes, frire les fricadelles en les retournant souvent jusqu'à ce qu'elles soient dorées et remontent à la surface. À l'aide d'une écumoire, mettre les fricadelles cuites dans une assiette couverte de papier absorbant. Servir avec la sauce au piment et aux arachides.

PAR PORTION (POUR 4): CAL: 429; MATIÈRE GRASSE: 23,1 G (2,9 G GRAS SATURÉ); PROTÉINES TOTALES: 25,6 G; CALCIUM: 64 MG; SODIUM: 0,24 G.

crêpes aux crevettes croustillantes et relish de concombres

Ces crêpes fragiles et délicieuses doivent être manipulées avec délicatesse.

- 400 g (14 oz) de crevettes crues, décortiquées et déveinées
- 1 œuf, battu
- 1 c. à soupe de sauce de poisson
- 1 pincée de poivre blanc
- 1 gousse d'ail, pilée avec ½ racine de coriandre fraîche
- 8 galettes de riz pour rouleaux de printemps carrées de 25 cm (10 po)
- Huile végétale (pour la friture)

Pour le relish de concombres

- 250 ml (1 tasse) de vinaigre de malt
- 125 ml (½ tasse) d'eau
- 3 c. à soupe de sucre
- 1 c. à thé (à café) de sel
- ½ concombre moyen, coupé en quatre sur la longueur, puis tranché
- 4 échalotes, en fines tranches
- 2 piments rouges frais, en fines tranches

4 portions

Dans une petite casserole, chauffer le vinaigre et l'eau à feu doux. Ajouter le sucre et le sel et remuer jusqu'à dissolution. Retirer du feu et laisser refroidir à température ambiante. Ajouter les concombres, les échalotes et les piments.

À l'aide du robot culinaire, réduire les crevettes en purée épaisse. Dans un bol, mélanger la purée de crevettes avec l'œuf battu. Ajouter la sauce de poisson, le poivre, l'ail et la purée d'ail et de coriandre. Mélanger avec les mains en pressant et en retournant. Répartir et étaler en couche fine sur 4 des galettes de riz. Couvrir avec une autre galette de riz et sceller à l'aide du rouleau à pâtisserie. Couper chacune des crêpes en 4 carrés égaux. Sceller les 16 petites crêpes ainsi obtenues avec le rouleau à pâtisserie.

Chauffer suffisamment d'huile végétale dans une casserole à feu vif pour qu'elle atteigne 180 °C (350 °F). Cuire quelques crêpes à la fois en les retournant jusqu'à ce qu'elles soient dorées de chaque côté. À l'aide d'une pince ou d'une écumoire, les mettre dans une assiette couverte de papier absorbant et réserver au chaud. Cuire toutes les crêpes de la même façon et servir avec le relish de concombres.

PAR PORTION: CAL: 505; MATIÈRE GRASSE: 23 G (2,9 G GRAS SATURÉ); PROTÉINES TOTALES: 26,8 G; CALCIUM: 134 MG; SODIUM: 1,36 G.

salade César au poulet

Une salade César sans fromage? Un pur délice!

- 2 c. à soupe d'huile d'olive
- 4 tranches de pain rassis, en cubes de 1 cm (½ po)
- 1 laitue romaine
- 25 g (¼ de tasse) de fromage de soja (style parmesan), en copeaux fins ou râpé

Pour la sauce à salade

- 5 c. à soupe d'huile d'olive
- 4 gousses d'ail entières
- 2 filets d'anchois dans l'huile, égouttés et hachés
- 1 c. à soupe de vinaigre balsamique
- 5 c. à thé (à café) de moutarde de Dijon
- 1 œuf

Pour le poulet

- 1 c. à soupe d'huile d'olive
- Sel et poivre
- 2 blancs de volaille (poitrines) sans peau et désossés

4 portions

Préchauffer le four à 220 °C/425 °F/gaz 7. Verser l'huile dans un bol, ajouter les cubes de pain et bien remuer; les étaler sur une plaque à pâtisserie et dorer au four 6 minutes. Réserver.

Baisser la température du four à 180 °C/350 °F/gaz 4. Mélanger l'huile avec le sel et le poivre, puis frotter le poulet sur toutes les faces. Cuire au four environ 20 minutes, jusqu'à ce qu'il soit complètement cuit. Découper en tranches et réserver au chaud.

Entretemps, dans une petite casserole, chauffer l'huile, les gousses d'ail et les anchois à feu doux 5 minutes, jusqu'à ce que l'ail soit tendre et doré. Laisser refroidir, filtrer l'huile et réserver. Réduire l'ail et les anchois en purée, puis mélanger avec le vinaigre et la moutarde. À l'aide d'un fouet, incorporer l'huile filtrée en mince filet jusqu'à épaississement.

Cuire l'œuf 2 minutes dans l'eau bouillante, refroidir à l'eau froide et écaler. À l'aide d'un fouet, intégrer le jaune d'œuf dans la sauce à salade.

Déchiqueter la laitue dans un grand saladier. Parsemer de croûtons et de fromage. Verser la sauce et bien remuer. Déposer le poulet chaud sur le dessus et servir.

PAR PORTION: CAL: 455; MATIÈRE GRASSE: 28,3 G (5,2 G GRAS SATURÉ); PROTÉINES TOTALES: 26,6 G; CALCIUM: 151 MG; SODIUM: 0,68 G.

salade de bœuf grillé

Si vous retirez tout le gras visible de la viande, cette salade n'en sera que meilleure pour votre tour de taille.

Huie végétale ou beurre (pour graisser)
1 morceau d'intérieur de ronde de bœuf de 400 g (14 oz)
2 piments oiseaux
2 gousses d'ail, hachées grossièrement
3 c. à soupe de sauce de poisson
4 ½ c. à soupe de jus de citron frais
½ c. à soupe de sucre semoule (super fin)
80 g (½ tasse) de concombres, en fines tranches
2 tomates, en quartiers
½ oignon, en fines tranches
2 oignons verts, hachés
Quelques feuilles de coriandre

2 portions

Préchauffer le barbecue à température moyenne-élevée et huiler légèrement la grille.

Griller la viande de 2 à 3 minutes de chaque côté jusqu'à ce qu'elle soit mi-saignante. Laisser refroidir à température ambiante.

À l'aide d'un pilon et d'un mortier, piler les piments et l'ail en purée. Transvider dans un grand bol et incorporer la sauce de poisson, le jus de citron et le sucre.

Découper la viande en fines tranches et la mettre dans le bol avec les concombres, les tomates, les oignons et les oignons verts. Remuer très doucement.

Servir dans des bols et garnir de coriandre.

PAR PORTION: CAL: 375; MATIÈRE GRASSE: 16 G (6,9 G GRAS SATURÉ); PROTÉINES TOTALES: 45,7 G; CALCIUM: 54 MG; SODIUM: 1,83 G.

salade épicée au jambon et au concombre

Apprenez à faire une vinaigrette sans huile!

200 g (7 oz) de jambon cuit de la meilleure qualité, en fines lamelles
1 gros concombre, épépiné et coupé en tranches
½ oignon, en fines rondelles
Quelques brins de coriandre

Pour la vinaigrette
2 gousses d'ail, écrasées
2 piments oiseaux, broyés légèrement
½ c. à soupe de sucre semoule (super fin)
4 c. à soupe de sauce de poisson
6 c. à soupe de jus de citron frais

2 portions

Préparer la vinaigrette en mélangeant dans un bol l'ail, les piments, le sucre, la sauce de poisson et le jus de citron. Réserver.

Dans un grand bol, mettre le jambon, les concombres et les oignons. Verser la vinaigrette et remuer doucement jusqu'à ce qu'elle imprègne parfaitement tous les ingrédients.

Servir dans un grand bol et garnir de coriandre.

PAR PORTION: CAL: 209; MATIÈRE GRASSE: 5,3 G (1,9 G GRAS SATURÉ); PROTÉINES TOTALES: 27,6 G; CALCIUM: 76 MG; SODIUM: 3,37 G.

salade de canard rôti au chou et aux carottes

Un vrai régal pendant l'été!

250 g (½ lb) de poitrine de canard sans peau et désossée, rôtie et coupée en fines tranches
Farine
Huile végétale (pour la friture)
250 g (1 ½ tasse) de chou blanc, en fines tranches
80 g (⅔ de tasse) de carottes, en julienne
2 gousses d'ail, écrasées
2 piments oiseaux, légèrement broyés
½ c. à soupe de sucre semoule (super fin)
4 c. à soupe de sauce de poisson
6 c. à soupe de jus de citron frais
Quelques brins de coriandre fraîche

2 portions

Arroser les tranches de canard avec un peu d'eau, puis les enrober de farine en secouant l'excédent. Pour la friture, verser suffisamment d'huile végétale dans un wok et chauffer à feu vif jusqu'à ce qu'elle atteigne 180 °C (350 °F).

Cuire le canard de 1 à 2 minutes, sans cesser de remuer, jusqu'à ce qu'il soit doré et croustillant. À l'aide d'une écumoire, le laisser égoutter dans une assiette couverte de papier absorbant.

Dans un bol, mélanger le chou et les carottes. Ajouter l'ail, les piments, le sucre, la sauce de poisson et le jus de citron. Bien mélanger.

Servir dans des bols et disposer les morceaux de canard sur le dessus. Garnir de coriandre, au goût.

PAR PORTION: CAL: 557; MATIÈRE GRASSE: 36 G (5,8 G GRAS SATURÉ); PROTÉINES TOTALES: 33,1 G; CALCIUM: 33 MG; SODIUM: 2,43 G.

porc haché sur tiges de citronnelle

Utilisées comme brochettes, les tiges de citronnelle transmettent leur arôme et leur saveur à la viande.

400 g (14 oz) de porc haché
2 c. à soupe de crème de coco
2 c. à thé (à café) de purée de cari rouge du commerce
1 jaune d'œuf
2 c. à thé (à café) de feuilles de combava (lime kaffir), émincées
12 tiges de citronnelle
Quelques feuilles de basilic
Zeste de citron et de lime, au goût
Sauce au piment et à l'ail maison (recette page 60) ou du commerce

4 portions

Préchauffer le gril ou le barbecue.

Dans un bol, mélanger la viande, la crème de coco, la purée de cari, le jaune d'œuf et le combava. Avec les mains, enrober uniformément les tiges de citronnelle avec la préparation (voir photo, à droite).

Griller les brochettes de 10 à 15 minutes en les retournant de temps à autre.

Garnir de basilic et de zeste. Servir avec la sauce au piment et à l'ail.

PAR PORTION: CAL: 218; MATIÈRE GRASSE: 14,6 G (6,3 G GRAS SATURÉ); PROTÉINES TOTALES: 20,7 G; CALCIUM: 29 MG; SODIUM: 0,1 G.

3

soupes et bols-repas

potage aux carottes et aux patates douces

Un potage invitant à cause de sa couleur et de sa texture remarquables.

2 c. à thé (à café) de margarine végétalienne ou 1 c. à soupe d'huile d'olive extra vierge
½ oignon, haché
2 grosses carottes, hachées
1 patate douce moyenne, pelée et hachée
625 ml (2 ½ tasses) de bouillon de légumes
60 ml (¼ de tasse) de crème de soja
Sel et poivre noir du moulin
1 c. à soupe de feuilles de coriandre, hachées

2 portions

Dans une casserole, chauffer la margarine à feu moyen. Cuire les oignons, les carottes et les patates douces environ 4 minutes.

Verser le bouillon, porter à ébullition et laisser mijoter environ 25 minutes, jusqu'à ce que les légumes soient tendres. Retirer du feu et laisser refroidir un peu.

À l'aide du mélangeur, réduire la préparation en potage lisse et onctueux. Remettre dans la casserole, incorporer la crème de soja et réchauffer. Saler et poivrer au goût, ajouter la coriandre et servir chaud.

PAR PORTION: CAL: 198; MATIÈRE GRASSE: 9,3 G (1,6 G GRAS SATURÉ); PROTÉINES TOTALES: 4,1 G; CALCIUM: 120 MG; SODIUM: 0,59 G.

potage aux pois verts

Réservez quelques petits pois que vous utiliserez comme garniture. Le bacon étant très salé, ne mettez pas trop de sel dans le potage.

2 c. à thé (à café) de margarine végétalienne
½ oignon blanc, haché
500 ml (2 tasses) de bouillon de légumes
475 g (3 tasses) de petits pois verts frais
60 ml (¼ de tasse) de boisson ou de jus de soja
Sel et poivre noir du moulin
1 c. à soupe de persil frais, haché
2 c. à soupe de crème de soja (facultatif)
3 tranches de bacon, coupées en petits morceaux et cuites à la poêle

2 portions

Faire fondre la margarine dans une grande casserole et faire dorer légèrement les oignons. Ajouter le bouillon et porter à ébullition. Ajouter les petits pois, ramener à ébullition et laisser mijoter quelques minutes, jusqu'à tendreté. Retirer du feu.

Ajouter la boisson de soja, laisser refroidir un peu et réduire en purée lisse et crémeuse à l'aide du mélangeur.

Réchauffer le potage dans la casserole à feu doux. Assaisonner au goût et incorporer le persil. Servir dans des bols. Ajouter 1 c. à soupe de crème de soja par portion (faire tournoyer en spirale pour décorer) et parsemer de bacon croustillant.

PAR PORTION: CAL: 342; MATIÈRE GRASSE: 12,7 G (4,1 G GRAS SATURÉ); PROTÉINES TOTALES: 27,6 G; PROTÉINES DU SOJA: 0,8 G; CALCIUM: 105 MG; SODIUM: 1,08 G.

soupe aux nouilles et au brocoli

Vous deviendrez vite accro à cette avalanche de saveurs.

150 g (5 oz) de nouilles de riz larges, trempées 1 h dans l'eau froide et égouttées
125 g (1 ½ tasse) de germes de soja
875 ml (3 ½ tasses) de bouillon de légumes
2 gousses d'ail, écrasées légèrement
2 racines de coriandre fraîche, pilées légèrement
80 g (1 tasse) de bouquets de brocoli, coupés en bouchées
4 c. à soupe de sauce de poisson
2 c. à soupe de sucre
2 c. à soupe de vinaigre de malt
2 c. à soupe d'arachides, broyées
1 piment chili rouge frais, en fines rondelles
3 c. à soupe de jus de citron frais
½ c. à thé (à café) d'assaisonnement au chili (facultatif)
Feuilles de coriandre

2 portions

Porter une casserole d'eau à ébullition à feu vif. Cuire les nouilles dans l'eau bouillante environ 1 minute pour les attendrir. Ajouter les germes de soja, cuire 15 secondes et bien égoutter. Transvider les nouilles et les germes de soja dans des bols et réserver.

Dans la même casserole, porter le bouillon de légumes à ébullition, puis ajouter l'ail, les racines de coriandre et le brocoli. Baisser le feu et laisser mijoter environ 2 minutes, jusqu'à ce que l'ail et la coriandre dégagent tous leurs arômes. Assaisonner avec la sauce de poisson, le sucre, le vinaigre, les arachides et les piments.

Verser la soupe dans les bols. Ajouter aussitôt le jus de citron et l'assaisonnement au chili, puis garnir de coriandre.

PAR PORTION: CAL: 465; MATIÈRE GRASSE: 7,9 G (1,4 G GRAS SATURÉ); PROTÉINES TOTALES: 17,7 G; CALCIUM: 137 MG; SODIUM: 2,88 G.

soupe à la citrouille et au basilic

Le temps de cuisson peut varier selon le type de courge utilisé.

1 litre (4 tasses) d'eau
400 g (3 ⅓ tasses) de citrouille ou de potiron, en morceaux
2 pommes de terre, pelées et coupées en dés
Sel et poivre noir du moulin
60 ml (¼ de tasse) d'huile d'olive extra vierge
1 gousse d'ail, en fines tranches
2 échalotes, hachées finement
6 feuilles de basilic, hachées

2 portions

Porter l'eau à ébullition dans une grande casserole. Ajouter la citrouille et les pommes de terre et cuire à feu doux jusqu'à tendreté.

À l'aide d'une fourchette, écraser les légumes dans l'eau et laisser mijoter. Saler et poivrer au goût.

Entre-temps, chauffer l'huile dans une autre casserole. Faire sauter l'ail et les échalotes jusqu'à ce que l'ail soit doré. Mettre l'ail, les échalotes et l'huile dans la soupe. Ajouter le basilic, bien remuer et servir.

PAR PORTION: CAL: 390; MATIÈRE GRASSE: 30,2 G (4,2 G GRAS SATURÉ); PROTÉINES TOTALES: 4,4 G; CALCIUM: 71 MG; SODIUM: 0,1 G.

bouillon doux à la chiffonnade d'omelette

Ce bouillon doux est vraiment délicieux!

625 ml (2 ½ tasses) de bouillon de légumes ou d'eau
1 racine de coriandre fraîche, écrasée légèrement
160 g (1 tasse) de concombres, épépinés et hachés grossièrement
40 g (¼ de tasse) d'oignons, hachés grossièrement
2 c. à soupe de sauce de poisson
1 ½ c. à thé (à café) de sucre
2 oignons verts, en morceaux de 2,5 cm (1 po)
2 c. à soupe de feuilles de coriandre
1 pincée de poivre noir du moulin

Pour la chiffonnade d'omelette
1 c. à soupe d'huile végétale
1 œuf, battu

Pour l'ail croustillant
1 c. à soupe d'huile végétale
2 gousses d'ail, écrasées finement

2 portions

Chiffonnade d'omelette: Dans une poêle, chauffer l'huile à feu moyen-vif. Verser l'œuf battu et faire pivoter la poêle pour former une fine couche au fond. Cuire jusqu'à ce que l'omelette soit prise, puis déposer dans une assiette. Rouler l'omelette en cylindre serré, puis découper en lamelles très minces. Réserver.

Ail croustillant: Chauffer l'huile dans la même poêle et faire sauter l'ail à feu doux jusqu'à ce qu'il soit doré et croustillant. Réserver sur du papier absorbant.

Dans une casserole, à feu vif, porter le bouillon à ébullition. Ajouter la racine de coriandre, baisser le feu et laisser mijoter 10 minutes. À feu moyen, ajouter les concombres et les oignons. Assaisonner avec la sauce de poisson et le sucre. Bien mélanger et laisser mijoter 3 minutes.

Ajouter les oignons verts, puis verser dans les bols. Répartir la chiffonnade d'omelette, puis garnir d'ail croustillant et de coriandre. Poivrer et servir.

PAR PORTION: CAL: 88; MATIÈRE GRASSE: 7 G (1 G GRAS SATURÉ); PROTÉINES TOTALES: 3 G; CALCIUM: 37 MG; SODIUM: 0,32 G.

chaudrée de palourdes (clam chowder)

Utilisez des palourdes fraîches si possible, sinon achetez-les en conserve.

½ c. à soupe d'huile végétale
½ poireau, haché
½ oignon, haché
2 pommes de terre moyennes, pelées et coupées en cubes
160 ml (⅔ de tasse) de bouillon de légumes
150 g (5 oz) de palourdes (myes) en saumure, égouttées
1 c. à thé (à café) de fécule d'arrow-root
180 ml (¾ de tasse) de boisson ou de jus de soja
Sel et poivre noir du moulin
2 brins de coriandre

2 portions

Dans une grande casserole, chauffer l'huile et cuire les poireaux et les oignons quelques minutes pour les attendrir. Ajouter les pommes de terre et cuire 3 minutes en remuant souvent.

Verser le bouillon et laisser mijoter environ 25 minutes, jusqu'à ce que les légumes soient tendres.

Ajouter les palourdes et la fécule, puis laisser mijoter environ 5 minutes, jusqu'à épaississement de la soupe.

Incorporer la boisson de soja et réchauffer à feu doux. Saler, poivrer et servir dans des bols. Garnir chaque portion avec un brin de coriandre.

PAR PORTION: CAL: 258; MATIÈRE GRASSE: 5,5 G (0,7 G GRAS SATURÉ); PROTÉINES TOTALES: 23,7 G; PROTÉINES DU SOJA: 3 G; CALCIUM: 127 MG; SODIUM: 1,54 G.

soupe aux pâtes et aux pois chiches

Planifiez la préparation de cette soupe en n'oubliant pas qu'il faut laisser tremper les pois chiches toute la nuit.

625 ml (2 ½ tasses) d'eau
125 g (⅔ de tasse) de pois chiches secs, trempés dans l'eau froide toute la nuit et égouttés
2 c. à soupe de romarin, haché
3 gousses d'ail, hachées
3 c. à soupe d'huile d'olive extra vierge
150 g (5 oz) de penne
Sel et poivre noir du moulin

Dans une casserole, porter à ébullition l'eau, les pois chiches, le romarin et la moitié de l'huile. Laisser mijoter environ 1 h 30, jusqu'à ce que les pois chiches soient tendres.

Retirer du feu et laisser refroidir un peu. À l'aide du robot culinaire, réduire les pois chiches en purée. Remettre dans la casserole et réchauffer à feu doux.

Entre-temps, porter une grande casserole d'eau salée à ébullition. Cuire les pâtes jusqu'à ce qu'elles soient *al dente* et égoutter.

Déposer les pâtes dans la soupe, assaisonner au goût et servir.

PAR PORTION: CAL: 622; MATIÈRE GRASSE: 21,5 G (3,9 G GRAS SATURÉ); PROTÉINES TOTALES: 23 G; CALCIUM: 140 MG; SODIUM: 0,13 G.

soupe de plantain au poulet et aux fines herbes

Le plantain ressemble à une banane trop mûre, mais sa chair cramoisie est aussi belle que savoureuse.

750 ml (3 tasses) d'eau
2 racines de coriandre fraîche, pilées légèrement
4 feuilles de combava (lime kaffir), déchiquetées
2 tiges de citronnelle, pilées légèrement
1 morceau de galanga de 2 cm (¾ de po), en rondelles très fines
4 ½ c. à soupe de sauce de poisson
2 c. à thé (à café) de sucre
300 g (10 oz) de blanc de volaille (poitrine) désossé, en fines tranches
1 plantain, pelé et coupé en rondelles de 5 mm (¼ de po) d'épaisseur
4 tomates italiennes, en quartiers
1 oignon, en quartiers
2 gros piments séchés, frits dans l'huile 1 minute, égouttés et coupés en biais en 4 morceaux
4 c. à soupe de jus de citron frais
Feuilles de coriandre

2 portions

Dans une grande casserole, à feu vif, porter l'eau à ébullition. Baisser le feu, ajouter les racines de coriandre, le combava, la citronnelle et le galanga. Laisser mijoter à feu doux environ 10 minutes, jusqu'à ce que les herbes dégagent tous leurs arômes.

Incorporer la sauce de poisson et le sucre, puis ajouter le poulet, le plantain, les tomates et les oignons. Laisser mijoter à feu moyen jusqu'à ce que le poulet soit complètement cuit. Éteindre le feu et ajouter les piments et le jus de citron.

Servir dans des bols et garnir de coriandre.

PAR PORTION: CAL: 394; MATIÈRE GRASSE: 4,3 G (0,9 G GRAS SATURÉ); PROTÉINES TOTALES: 45,1 G; CALCIUM: 82 MG; SODIUM: 2,72 G.

soupe de poulet aux champignons et au sésame grillé

Pour obtenir une soupe plus consistante, ajoutez-y du riz bouilli ou des nouilles aux œufs.

875 ml (3 ½ tasses) de bouillon de poulet
150 g (5 oz) de blanc de volaille (poitrine) désossé, en fines tranches
2 c. à soupe de sauce soja légère
Sel, au goût
1 c. à thé (à café) de grains de poivre noir
2 morceaux de gingembre de 2,5 cm (1 po), broyés légèrement
6 shiitake (chapeaux seulement), coupés en lamelles
6 volvaires (ou autre champignon séché au choix), trempées dans l'eau chaude, égouttées et coupées en fines lamelles
1 oignon vert, en fines rondelles
1 c. à thé (à café) de graines de sésame, grillées à sec à feu doux jusqu'à ce qu'elles soient dorées
2 c. à soupe de feuilles de coriandre fraîche

2 portions

Dans une casserole, porter le bouillon à ébullition. Ajouter la sauce soja, le sel, les grains de poivre et le gingembre. Couvrir et laisser mijoter environ 5 minutes.

Ajouter le poulet et laisser mijoter 2 minutes. Ajouter les shiitake et les volvaires et laisser mijoter de 2 à 3 minutes, jusqu'à ce que le poulet soit cuit et tendre. Jeter le gingembre.

Servir dans des bols, puis parsemer d'oignons verts, de graines de sésame et de coriandre.

PAR PORTION: CAL: 146; MATIÈRE GRASSE: 2,9 G (0,5 G GRAS SATURÉ); PROTÉINES TOTALES: 23,1 G; CALCIUM: 111 MG; SODIUM: 1,76 G.

soufflé aux asperges

Si vous n'avez encore jamais eu l'occasion de préparer un soufflé, voici le bon moment. Un véritable joyau!

12 pointes d'asperges
180 ml (¾ de tasse) de boisson ou de jus de soja
½ oignon, en fines tranches
2 c. à soupe d'oignons verts, hachés finement
½ poivron rouge, en fines lanières
5 c. à thé (à café) de margarine végétalienne et un peu plus pour graisser
2 c. à soupe de farine
Sel et poivre blanc
4 œufs, séparés
1 blanc d'œuf

2 portions

Couper 4 pointes d'asperges en 3 morceaux chacune. Blanchir 1 minute et réserver. Faire bouillir les autres asperges dans l'eau jusqu'à tendreté, égoutter et réserver. À l'aide du mélangeur, réduire les asperges bouillies en purée lisse, passer au tamis fin et réserver. Mettre la boisson de soja dans une casserole avec les oignons, les oignons verts, les poivrons et les asperges blanchies. Porter doucement à ébullition, retirer du feu, couvrir et laisser infuser 30 minutes. Filtrer le liquide au tamis, puis réserver la boisson de soja et les légumes séparément.

Préchauffer le four à 180 °C/350 °F/gaz 4. Graisser un moule à soufflé de 1,3 litre (5 ¼ tasses). Faire fondre la margarine dans une casserole et cuire la farine 1 minute à feu doux en remuant. Retirer du feu et incorporer la boisson de soja filtrée. Porter doucement à ébullition en remuant pour épaissir. Ajouter la purée d'asperges, assaisonner au goût et laisser refroidir un peu. Battre les jaunes d'œufs un à un dans la sauce refroidie.

Fouetter les 5 blancs d'œufs jusqu'à formation de pics mous. Incorporer 1 grosse cuillerée de blancs d'œufs dans la sauce. Verser la sauce sur le reste des blancs d'œufs et plier doucement. Verser dans le moule à soufflé, lisser le dessus avec une palette métallique et cuire au four sur une plaque environ 30 minutes, jusqu'à ce que le soufflé soit doré, bien gonflé et juste assez ferme au toucher. Servir chaud.

PAR PORTION: CAL: 431; MATIÈRE GRASSE: 27,8 G (6,3 G GRAS SATURÉ); ROTÉINES TOTALES: 25,9 G; PROTÉINES DU SOJA: 3 G; CALCIUM: 160 MG; SODIUM: 0,45 G.

nouilles sautées aux légumes et à la noix de coco

Vous pouvez omettre le lait de coco dans cette recette.

1 c. à soupe d'huile végétale
6 crevettes tigrées crues, décortiquées et déveinées (laisser la queue)
30 g (1 oz) de petites crevettes, cuites
1 œuf
100 g (3 ½ oz) de nouilles de riz sèches, trempées dans l'eau froide 1 heure et égouttées
1 ½ c. à soupe de sauce de poisson
1 ½ c. à soupe de vinaigre de malt
4 c. à soupe de lait de coco (facultatif)
2 oignons verts, en morceaux de 2,5 cm (1 po)
1 petite carotte, en julienne
80 g (1 tasse) de germes de soja
1 ½ c. à soupe d'arachides, rôties et broyées
1 c. à soupe de navet mariné ou de daïkon mariné (facultatif)
1 ½ c. à soupe de sucre
2 quartiers de lime
Assaisonnement au chili (facultatif)
Feuilles de coriandre

2 portions

Chauffer un wok à feu vif. Ajouter l'huile, baisser le feu à température moyenne et faire sauter les crevettes tigrées environ 30 secondes. Ajouter les petites crevettes, casser l'œuf et remuer pour le brouiller.

Ajouter les nouilles aussitôt, puis la sauce de poisson et le vinaigre. Faire sauter en remuant sans cesse sans briser les nouilles. Ajouter le lait de coco et bien remuer avec le coin d'une spatule.

Ajouter les oignons verts, presque toutes les carottes et les germes de soja, quelques arachides, les navets marinés et le sucre. Remuer et servir dans des assiettes. Garnir avec les carottes, les arachides et les germes de soja réservés. Accompagner de quartiers de lime, saupoudrer d'assaisonnement au chili et garnir de coriandre.

PAR PORTION: CAL: 477; MATIÈRE GRASSE: 18,8 G (6,6 G GRAS SATURÉ); PROTÉINES TOTALES: 21,3 G; CALCIUM: 135 MG; SODIUM: 1,51 G.

riz à l'ananas et aux pignons cuit au four

Cet heureux mélange de saveurs orientales et occidentales saura plaire à tous.

1 gros ananas
1 c. à soupe de pignons
2 c. à soupe d'huile végétale
1 c. à soupe de petits pois congelés
2 c. à soupe de carottes, en dés
1 c. à soupe de raisins secs
2 œufs
400 g (2 ½ tasses) de riz, cuit à la vapeur
Sel
1 ½ c. à soupe de sauce soja légère
Poivre blanc moulu
1 piment rouge, haché

2 portions

Préchauffer le four à 150 °C/300 °F/gaz 2.

Couper l'ananas en deux sur la longueur et prélever la chair en gardant l'écorce intacte. Couper la moitié de la chair en petites bouchées et réserver. (Garder le reste de l'ananas pour une autre recette.)

Faire dorer les pignons dans une poêle sèche et réserver. Chauffer l'huile dans la même poêle et faire sauter les ananas réservés, les petits pois, les carottes, les raisins secs et les pignons. Ajouter les œufs et crever les jaunes. Faire sauter jusqu'à ce que tous les ingrédients soient bien cuits.

Incorporer le riz, bien remuer, puis assaisonner de sel et de sauce soja. Retirer du feu et servir dans les écorces d'ananas. Couvrir de papier d'aluminium et cuire au four de 10 à 15 minutes.

Saupoudrer de poivre blanc et garnir de piment.

PAR PORTION: CAL: 606; MATIÈRE GRASSE: 24,1 G (3,7 G GRAS SATURÉ); PROTÉINES TOTALES: 15,1 G; CALCIUM: 91 MG; SODIUM: 1 G.

soupe de riz aux crevettes et à l'ail croustillant

Il est facile de se procurer de la sauce de poisson dans toutes les épiceries orientales.

875 ml (3 ½ tasses) de bouillon de poulet
2 racines de coriandre fraîche, pilées légèrement
200 g (1 ¼ tasse) de riz, bouilli (recette page 49)
250 g (½ lb) de crevettes tigrées crues, décortiquées et déveinées (laisser la queue)
1 c. à thé (à café) de sucre
2 c. à soupe de sauce de poisson
2 œufs
1 morceau de gingembre de 2,5 cm (1 po), pelé et coupé en julienne
Ail croustillant (recette page 75)
1 oignon vert, haché
½ c. à thé (à café) de poivre blanc moulu
Feuilles de coriandre

2 portions

Dans une casserole, porter le bouillon et les racines de coriandre à ébullition. Jeter les racines et ajouter le riz cuit. Retirer du feu et laisser refroidir un peu.

À l'aide du robot culinaire, mélanger jusqu'à ce que les grains de riz se brisent pour former une purée. Remettre dans la casserole et porter à ébullition. Ajouter les crevettes, le sucre et la sauce de poisson. Cuire à feu vif environ 2 minutes. (Ajouter de l'eau si on aime une soupe plus liquide et augmenter proportionnellement les assaisonnements.)

Verser dans des bols. Casser 1 œuf dans chacun et remuer pour qu'il cuise dans la soupe chaude. Garnir de gingembre et d'ail croustillant.

Ajouter les oignons verts, le poivre et la coriandre avant de servir.

PAR PORTION: CAL: 391; MATIÈRE GRASSE: 13,5 G (2,5 G GRAS SATURÉ); PROTÉINES TOTALES: 34,2 G; CALCIUM: 201 MG; SODIUM: 2 G.

casserole de nouilles aux crevettes et aux champignons

On peut remplacer le miso par 2 c. à soupe de sauce soja légère.

- 150 g (5 oz) de nouilles transparentes, trempées dans l'eau 10 minutes et égouttées
- 6 volvaires (ou autre champignon séché au choix), trempées dans l'eau chaude, égouttées et coupées en fines lamelles
- 2 racines de coriandre fraîche, pilées légèrement
- 2 gousses d'ail, écrasées légèrement
- 1 morceau de gingembre de 1 cm (½ po), pelé et coupé en julienne
- 1 c. à soupe de sauce soja légère
- 1 c. à thé (à café) de miso
- 2 c. à soupe d'huile de sésame
- 310 ml (1 ¼ tasse) de bouillon de poulet
- 6 pinces de crabe
- 6 crevettes moyennes crues, sans tête, décortiquées et déveinées
- 1 oignon vert, haché
- ½ c. à thé (à café) de poivre blanc moulu
- 2 c. à soupe de coriandre fraîche (feuilles et tiges), hachée
- Sauce au piment et à l'ail maison (recette page 60) ou du commerce (facultatif)

2 portions

Mélanger les nouilles avec les champignons, les racines de coriandre, l'ail, le gingembre, la sauce soja, le miso et l'huile. Réserver.

Préchauffer une marmite à vapeur à température élevée jusqu'à ce que l'eau arrive à ébullition. Verser le bouillon dans une casserole ou un contenant à l'épreuve de la chaleur pouvant entrer dans la marmite, puis ajouter les pinces de crabe, les crevettes et les nouilles assaisonnées. Couvrir et cuire dans la marmite à vapeur environ 10 minutes.

À l'aide d'une pince, bien mélanger tous les ingrédients en ramenant les crevettes et les pinces de crabe sur le dessus. Ajouter les oignons verts et le poivre et cuire à la vapeur de 2 à 3 minutes. Parsemer de coriandre et servir. Accompagner de sauce au piment et à l'ail, au goût.

PAR PORTION: CAL: 501; MATIÈRE GRASSE: 15,7 G (2,1 G GRAS SATURÉ); PROTÉINES TOTALES: 27,4 G; PROTÉINES DU SOJA: 2 G; CALCIUM: 84 MG; SODIUM: 1,65 G.

riz au flétan fumé parfumé au thym

L'églefin fumé non coloré – sans teintures naturelles ou synthétiques – peut remplacer le flétan dans cette recette.

- 1 c. à soupe d'huile d'olive
- 160 g (1 ¼ tasse) de riz, trempé dans l'eau 30 minutes et égoutté
- 100 g (3 ½ oz) de flétan fumé, en petits morceaux
- 65 g (½ tasse) de chou blanc, en grosses tranches (séparer les couches)
- 1 brin de thym (feuilles seulement)
- 430 ml (1 ¾ tasse) d'eau
- Sel et poivre noir du moulin

2 portions

Dans une casserole à fond épais, bien mélanger l'huile, le riz et le poisson. Ajouter le chou et le thym, puis verser l'eau.

Couvrir la casserole, porter à ébullition et laisser mijoter de 15 à 20 minutes, jusqu'à absorption complète du liquide. Remuer doucement, puis saler et poivrer au goût. Cuire à feu vif environ 15 secondes sans enlever le couvercle.

Retirer du feu et laisser reposer à couvert de 5 à 7 minutes avant de servir.

PAR PORTION: CAL: 398; MATIÈRE GRASSE: 6,7 G (0,8 G GRAS SATURÉ); PROTÉINES TOTALES: 15,4 G; CALCIUM: 38 MG; SODIUM: 0,48 G.

bar au four et purée de patates douces

Nul besoin de mettre du lait dans la purée de patates douces pour qu'elle soit veloutée.

4 gousses d'ail, écrasées légèrement
10 olives mélangées
Le zeste de 1 citron
2 c. à soupe d'huile d'olive extra vierge
Sel et poivre noir du moulin
2 filets de bar commun
2 tiges de romarin

Pour la purée de patates douces
3 patates douces moyennes, pelées et hachées
2 c. à soupe d'huile d'olive extra vierge
Persil frais, haché

2 portions

Préchauffer le four à 200 °C/400 °F/gaz 6.

Dans un grand bol, mélanger l'ail, les olives, le zeste, l'huile, le sel et le poivre. Déposer les filets de poisson dans un plat de cuisson et couvrir uniformément avec la préparation. Ajouter le romarin et cuire au four 20 minutes.

Entre-temps, porter une grande casserole d'eau à ébullition et cuire les patates douces à feu moyen jusqu'à tendreté. Égoutter et mettre dans un bol. Ajouter l'huile et réduire en purée. Saler et poivrer au goût. Servir avec le poisson et garnir de persil.

PAR PORTION: CAL: 479; MATIÈRE GRASSE: 26,8 G (4 G GRAS SATURÉ); PROTÉINES TOTALES: 22,4 G; CALCIUM: 195 MG; SODIUM: 0,57 G.

saumon grillé à la sauce au citron

Servez ce plat avec des légumes verts cuits à la vapeur ou une salade rafraîchissante.

½ c. à soupe d'huile d'olive
1 gousse d'ail et ½ racine de coriandre fraîche, pilées pour faire une purée
Sel et poivre noir du moulin
2 filets de saumon d'environ 250 g (½ lb) chacun

Pour la sauce au citron
½ c. à soupe de margarine végétalienne
2 gousses d'ail, écrasées
125 ml (½ tasse) de bouillon de poulet
125 ml (½ tasse) de crème de soja
60 ml (¼ de tasse) de jus de citron frais
2 c. à soupe de feuilles de basilic, hachées finement

2 portions

Sauce au citron: Chauffer la margarine et faire sauter l'ail à feu moyen quelques minutes. Ajouter le bouillon, la crème de soja et le jus de citron, puis porter à ébullition. Laisser mijoter à feu doux.

Entre-temps, préchauffer le barbecue à température élevée et huiler la grille. Saler et poivrer la purée d'ail et de coriandre et en badigeonner le poisson de chaque côté. Griller environ 3 minutes de chaque côté, jusqu'à la cuisson voulue.

Servir dans des assiettes. Ajouter le basilic à la sauce, saler, poivrer et verser sur le saumon.

PAR PORTION: CAL: 381; MATIÈRE GRASSE: 28,5 G (5,1 G GRAS SATURÉ); PROTÉINES TOTALES: 28 G; CALCIUM: 100 MG; SODIUM: 0,31 G.

brochettes de poisson, sauce au cari et à la noix de coco

La chair ferme de la lotte de mer se cuisine comme la viande et convient à la confection de brochettes.

2 c. à soupe d'huile végétale
1 c. à soupe de purée de cari rouge du commerce
2 c. à soupe de jus de citron frais
2 c. à thé (à café) de sauce de poisson
1 c. à thé (à café) de sucre
1 c. à soupe de basilic frais, haché
500 g (1 lb) de lotte de mer (baudroie), coupée en 12 cubes
Riz, bouilli (recette page 49)

Pour la sauce
1 c. à soupe de purée de cari rouge du commerce
125 ml (½ tasse) de lait de coco
½ c. à thé (à café) de sucre
6 feuilles de basilic

2 portions

Dans un grand bol, mélanger 1 c. à soupe d'huile avec la purée de cari, le jus de citron, la sauce de poisson, le sucre et le basilic. Ajouter le poisson et bien remuer. Couvrir de pellicule plastique et laisser mariner au réfrigérateur 15 minutes.

Faire tremper 2 brochettes de bois de 23 cm (9 po) dans l'eau froide. Préchauffer le barbecue à température élevée et huiler la grille avec le reste de l'huile. Enfiler 6 morceaux de poisson sur chacune des brochettes. Cuire sur la grille environ 3 minutes, en retournant de temps à autre, jusqu'à cuisson complète.

Entre-temps, dans une petite casserole, mettre tous les ingrédients de la sauce, sauf le basilic. Cuire à feu moyen en remuant souvent jusqu'à consistance lisse. Ajouter le basilic et remuer 15 secondes.

Servir les brochettes avec du riz nappé de sauce au cari et à la noix de coco.

PAR PORTION: CAL: 333; MATIÈRE GRASSE: 17,2 G (7,9 G GRAS SATURÉ); PROTÉINES TOTALES: 37,2 G; CALCIUM: 70 MG; SODIUM: 0,47 G.

cari de poulet et pita chaud

Servir du cari de poulet avec du pain pita: une belle façon de remplacer le riz!

1 c. à soupe d'huile végétale
1 ½ c. à soupe de purée de cari rouge du commerce
3 feuilles de combava (lime kaffir), déchiquetées
125 ml (½ tasse) de crème de coco
125 ml (½ tasse) de boisson ou de jus de soja
200 g (7 oz) de poulet sans peau et désossé, en fines tranches
1 ½ c. à thé (à café) de sauce de poisson
1 ½ c. à thé (à café) de sucre
75 g (1 tasse) de mange-tout
2 grands pains pitas, chauds
4 feuilles de basilic, hachées
1 piment rouge, coupé sur la longueur en fines lamelles

2 portions

Chauffer l'huile dans un wok à feu doux. Ajouter la purée de cari et le combava et faire sauter environ 15 secondes.

Incorporer doucement la crème de coco et la boisson de soja. Ajouter le poulet et cuire à feu moyen jusqu'à cuisson complète. Si la sauce semble devenir trop sèche, ajouter un peu d'eau sans trop la clarifier. Incorporer la sauce de poisson et le sucre. Ajouter les mange-tout et remuer environ 1 minute.

Servir le cari de poulet dans les pitas chauds, puis parsemer de basilic et de piments.

PAR PORTION: CAL: 448; MATIÈRE GRASSE: 14,8 G (10,3 G GRAS SATURÉ); PROTÉINES TOTALES: 34,9 G; PROTÉINES DU SOJA: 1,5 G; CALCIUM: 213 MG; SODIUM: 0,56 G.

poulet sauté à la sauce crémeuse au basilic

La faible teneur en gras du blanc de volaille permet de le servir avec une sauce plus riche. Servez ce plat avec vos légumes préférés.

1 c. à soupe de farine
Sel et poivre noir du moulin
2 gros blancs de volaille (poitrines) sans peau et désossés
2 c. à thé (à café) d'huile d'olive
2 c. à thé (à café) de margarine végétalienne
2 tiges de basilic

Pour la sauce crémeuse au basilic
2 c. à thé (à café) de margarine végétalienne
1 gousse d'ail, écrasée
4 c. à soupe de bouillon de poulet ou d'eau
60 ml (¼ de tasse) de crème de soja
2 c. à soupe de jus de citron frais
1 c. à soupe de feuilles de basilic, hachées finement

2 portions

Dans un bol, mélanger la farine, le sel et le poivre. Enrober le poulet avec ce mélange et secouer l'excédent.

Chauffer l'huile et la margarine dans une poêle. Cuire le poulet à feu moyen environ 5 minutes de chaque côté, jusqu'à ce qu'il soit doré et complètement cuit. Réserver au chaud dans une assiette.

Entre-temps, préparer la sauce en chauffant la margarine dans la même poêle. Cuire l'ail 2 minutes, puis ajouter le bouillon, la crème de soja et le jus de citron. Porter à ébullition, baisser le feu et ajouter le basilic haché. Saler et poivrer au goût.

Servir le poulet dans des assiettes, napper de sauce et garnir avec les tiges de basilic.

PAR PORTION: CAL: 349; MATIÈRE GRASSE: 18,7 G (3,5 G GRAS SATURÉ); PROTÉINES TOTALES: 38,2 G; CALCIUM: 63 MG; SODIUM: 0,32 G.

poulet et riz au gingembre cuits à la vapeur

Mangez ce plat avec des tranches de concombre froides, sinon vous manquerez quelque chose!

1 c. à thé (à café) d'huile d'olive
1 c. à thé (à café) d'ail, écrasé
450 g (2 ¼ tasses) de riz, lavé et bien égoutté
½ poulet (environ 500 g/1 lb) (retirer la moitié de la peau)
1,2 litre (5 ½ tasses) d'eau
½ c. à thé (à café) de sel
2 racines de coriandre fraîche, pilées
1 morceau de gingembre de 2,5 cm (1 po) non pelé, coupé en deux et pilé légèrement
Tranches de concombre, froides
Feuilles de coriandre

Pour la sauce
1 c. à thé (à café) de purée de gingembre frais
1 c. à thé (à café) d'ail, haché finement
½ c. à thé (à café) de sucre
3 piments oiseaux, hachés finement
1 c. à soupe de miso
1 c. à soupe de bouillon de poulet

Pour assaisonner la soupe
Environ ½ c. à soupe de sauce soja légère, au goût
1 pincée de poivre blanc
2 oignons verts, hachés finement

2 portions

Dans une poêle, chauffer l'huile et faire sauter l'ail jusqu'à ce qu'il dégage ses arômes. Ajouter le riz et faire revenir en mélangeant bien. Réserver.

Mettre le poulet et l'eau dans une casserole, puis porter à ébullition. Laisser mijoter environ 30 minutes, jusqu'à ce que le poulet soit cuit et que le bouillon soit bien parfumé. Réserver 1 c. à soupe pour la sauce.

Cuire le riz à la vapeur dans un cuiseur à riz électrique avec 875 ml (3 ½ tasses) du bouillon de poulet, les racines de coriandre et le gingembre. (Si on n'a pas de cuiseur, utiliser une casserole à fond épais, couvrir et porter à ébullition. Laisser mijoter à feu doux de 15 à 20 minutes, jusqu'à absorption complète du liquide. Retirer du feu et laisser reposer à couvert de 5 à 7 minutes.)

Sauce: Bien mélanger tous les ingrédients et réserver.

Retirer le poulet du bouillon, désosser et hacher en petits morceaux. Réserver le bouillon pour préparer une soupe douce qui accompagnera le riz (voir ci-après).

Servir le riz dans des assiettes (jeter le gingembre et les racines de coriandre). Disposer le poulet sur le dessus avec les tranches de concombre et la coriandre. Verser la sauce dans des petits bols.

Réchauffer le bouillon de poulet. Assaisonner de sauce soja et de poivre blanc, puis garnir d'oignons verts. Servir avec le riz.

PAR PORTION: CAL: 494; MATIÈRE GRASSE: 7 G (1,4 G GRAS SATURÉ); PROTÉINES TOTALES: 38,8 G; PROTÉINES DU SOJA: 4 G; CALCIUM: 37 MG; SODIUM: 1,53 G.

saucisses grillées au cari et aux fines herbes

Les saucisses vendues dans le commerce contenant souvent des produits laitiers, il est bon de savoir comment en préparer à la maison.

500 g (1 lb) de porc haché
2 c. à thé (à café) de citronnelle, hachée finement
2 c. à thé (à café) de galanga, pilé pour faire une purée
4 feuilles de combava (lime kaffir), hachées finement
2 piments rouges et 2 gousses d'ail, mélangés à l'aide d'un pilon et d'un mortier ou du mélangeur
2 à 3 c. à soupe de purée de cari rouge du commerce
¾ de c. à soupe de sucre
½ c. à soupe de sel
1 c. à thé (à café) de curcuma moulu
Brins de coriandre
6 à 8 piments oiseaux, en tranches
1 morceau de gingembre de 6 cm (2 ½ po), pelé et coupé en fine julienne

4 portions

Préchauffer le gril à température élevée.

Mélanger la viande avec les 8 ingrédients suivants. Avec les mains, prélever une petite quantité et façonner en forme de saucisse. Procéder ainsi jusqu'à épuisement des ingrédients.

Cuire sous le gril environ 10 à 15 minutes, en retournant de temps à autre, jusqu'à ce que la viande soit bien cuite.

Servir avec la coriandre, les piments et le gingembre. Accompagner de purée de pommes de terre au cari vert (recette ci-contre).

PAR PORTION (SANS POMMES DE TERRE NI SAUCE): CAL: 269; MATIÈRE GRASSE: 15,8 G (4,5 G GRAS SATURÉ); PROTÉINES TOTALES: 25,4 G; CALCIUM: 43 MG; SODIUM: 1,07 G.

purée de pommes de terre au cari vert

Cette purée accompagne bien les saucisses grillées au cari et aux fines herbes (recette ci-contre).

2 grosses pommes de terre, pelées et coupées en petits morceaux
1 c. à thé (à café) de gingembre frais et 1 c. à thé (à café) de racine de coriandre fraîche, pilés pour faire une purée lisse
Sel et poivre noir du moulin
1 c. à soupe de margarine végétalienne
½ c. à soupe d'huile d'olive
2 c. à thé (à café) de purée de cari vert du commerce
160 ml (⅔ de tasse) de crème de soja

Porter une casserole d'eau salée à ébullition et cuire les pommes de terre jusqu'à tendreté. Égoutter et réduire en purée avec la moitié de la purée de gingembre et de coriandre. Saler et poivrer au goût.

Graisser une poêle antiadhésive avec un peu de margarine et chauffer. Ajouter une grosse cuillerée de purée de pommes de terre au centre et aplatir à l'aide d'une spatule. Cuire jusqu'à ce que la galette soit légèrement dorée et croustillante, puis cuire de l'autre côté. Répéter les mêmes opérations jusqu'à épuisement de la purée de pommes de terre.

Pour préparer la sauce, chauffer l'huile dans une poêle à feu moyen. Incorporer le reste de la purée de gingembre et de coriandre. Ajouter la purée de cari et remuer de 10 à 15 secondes avant de verser la crème de soja. Remuer et laisser mijoter de 2 à 3 minutes, jusqu'à léger épaississement.

PAR PORTION (POMMES DE TERRE ET SAUCE SEULEMENT): CAL: 208; MATIÈRE GRASSE: 11,9 G (1,8 G GRAS SATURÉ); PROTÉINES TOTALES: 3,9 G; CALCIUM: 46 MG; SODIUM: 0,19 G.

côtelettes d'agneau épicées grillées

Cette préparation aromatique accompagnée d'une bonne sauce aux légumes frais est absolument délicieuse.

- 1 c. à thé (à café) de graines de cumin, grillées légèrement et moulues
- 1 morceau de gingembre de 2,5 cm (1 po), pelé et haché finement
- 2 échalotes, hachées
- 2 gousses d'ail, hachées
- 1 tige de citronnelle, hachée
- 1 c. à soupe de sucre
- ½ c. à thé (à café) de sel
- 1 c. à soupe d'huile végétale et un peu plus pour mélanger
- 2 côtelettes doubles d'agneau (retirer le surplus de gras)

Pour la sauce

- 5 c. à thé (à café) de margarine végétalienne
- 200 g (2 tasses) de poireaux, en fines tranches
- 80 ml (⅓ de tasse) de crème de soja
- 100 g (⅔ de tasse) de petits pois congelés
- Sel et poivre noir du moulin

2 portions

À l'aide du robot culinaire, réduire en purée lisse le cumin, le gingembre, les échalotes, l'ail, la citronnelle, le sucre et le sel en ajoutant un peu d'huile pour faciliter le mélange. Chauffer l'huile dans une poêle et faire revenir la purée à feu doux pour qu'elle libère tous ses arômes. Laisser refroidir dans un bol.

Frotter la viande avec la purée, couvrir et laisser mariner au réfrigérateur 30 minutes.

Entre-temps, préparer la sauce en chauffant la margarine dans une poêle. Faire sauter les poireaux 10 minutes à feu moyen pour les attendrir. Ajouter la crème de soja et porter à ébullition. Ajouter les petits pois, saler, poivrer et cuire à feu doux 4 minutes.

Préchauffer le gril à température élevée. Griller la viande environ 3 à 4 minutes de chaque côté (ou moins pour une viande plus saignante). Servir avec la sauce.

PAR PORTION: CAL: 531; MATIÈRE GRASSE: 35 G (9,2 G GRAS SATURÉ); PROTÉINES TOTALES: 36 G; CALCIUM: 131 MG; SODIUM: 0,71 G.

pommes de terre en robe des champs au cari de bœuf

Une préparation originale plutôt piquante et remplie de saveurs!

- 2 grosses pommes de terre pour cuisson au four, brossées
- 1 c. à soupe d'huile végétale
- 200 g (7 oz) de bœuf haché maigre
- 1 ½ c. à soupe de purée de cari rouge du commerce
- 80 ml (⅓ de tasse) de lait de coco
- 80 ml (⅓ de tasse) de crème de soja
- 1 ½ c. à thé (à café) de sauce de poisson
- 1 ½ c. à thé (à café) de sucre
- 6 feuilles de basilic

2 portions

Préchauffer le four à 180 °C/350 °F/gaz 4.

Envelopper les pommes de terre dans du papier d'aluminium et cuire sur la grille du centre environ 2 heures, jusqu'à cuisson complète.

Chauffer l'huile dans un wok à feu moyen. Cuire la viande, en remuant souvent, jusqu'à ce qu'elle soit cuite à moitié. Ajouter la purée de cari, puis le lait de coco et la crème de soja. Bien mélanger. Ajouter la sauce de poisson et le sucre. Laisser mijoter à feu doux de 2 à 3 minutes. Ajouter le basilic et remuer.

Déballer les pommes de terre, couper en deux sur la longueur et napper de sauce cari.

PAR PORTION: CAL: 554; MATIÈRE GRASSE: 31 G (11 G GRAS SATURÉ); PROTÉINES TOTALES: 29 G; CALCIUM: 95 MG; SODIUM: 0,78 G.

burgers au fromage, chips de plantain et salsa de tomates

Pourquoi se priver? Le fromage de soja permet d'obtenir un burger goûteux et bon pour la santé.

1 tranche de pain blanc, sans croûte
180 g (6 oz) de bœuf haché maigre
1 jaune d'œuf, battu
2 tranches de fromage de soja
2 pains à hamburgers aux graines de sésame
Feuilles d'épinards

Pour les chips de plantain
1 plantain
100 g (⅔ de tasse) de farine
1 c. à soupe d'huile végétale

Pour la salsa
1 c. à soupe d'huile d'olive
2 tiges de romarin (feuilles seulement)
2 gousses d'ail, hachées finement
2 tomates italiennes, hachées en petits morceaux
Le jus de ½ citron
Sel et poivre noir du moulin

2 portions

Salsa: Dans une poêle, chauffer l'huile et faire revenir le romarin et l'ail. Ajouter les tomates et cuire 1 minute. Assaisonner avec le jus de citron, le sel et le poivre. Réserver.

Défaire le pain en petits morceaux et réduire en chapelure à l'aide du robot culinaire. Dans un grand bol, avec les mains, mélanger la viande, le jaune d'œuf et la chapelure. Poivrer au goût.

Préchauffer le gril à température élevée. Façonner 2 galettes de 1 cm (½ po) d'épaisseur. Cuire sous le gril 3 minutes de chaque côté ou au goût.

Mettre une tranche de fromage sur chaque burger et griller jusqu'à ce qu'elle soit fondue. Réserver au chaud. Ouvrir les pains et les griller légèrement sur une plaque chauffante ou sous le gril, face coupée vers le bas.

Entre-temps, peler le plantain, puis le couper en biais pour obtenir de fines tranches. Fariner. Chauffer une poêle, badigeonner le fond avec l'huile et frire (en procédant par étapes) 1 minute de chaque côté en retournant à mi-cuisson. Réserver dans un bol.

Couvrir la partie inférieure des pains avec quelques feuilles d'épinards. Ajouter la galette et un peu de salsa. Fermer les burgers et servir avec les chips de plantain.

PAR PORTION: CAL: 868; MATIÈRE GRASSE: 34,7 G (8,1 G GRAS SATURÉ); PROTÉINES TOTALES: 40,9 G; PROTÉINES DU SOJA: 4,5 G; CALCIUM: 376 MG; SODIUM: 0,72 G.

4

plats principaux

courge spaghetti à la polenta et aux champignons sauvages

Ce plat végétarien est un mélange exquis de textures et de saveurs.

1,8 litre (7 tasses) d'eau
Sel et poivre noir du moulin
200 g (1 ⅔ tasse) de semoule de maïs grossière (polenta)
50 g (¼ de tasse) de margarine végétalienne
½ courge spaghetti (environ 500 g/1 lb), épépinée

Pour les champignons
4 c. à soupe d'huile d'olive
500 g (1 lb) de champignons au choix, en quartiers
1 gousse d'ail, hachée
1 c. à soupe d'origan frais, haché + quelques tiges
160 ml (⅔ de tasse) de vin blanc sec

4 portions

Dans une grande casserole, porter l'eau et 1 c. à thé (à café) de sel à ébullition. Verser lentement la semoule en la laissant couler entre les doigts et en remuant sans cesse pour empêcher la formation de grumeaux. Laisser mijoter de 30 à 35 minutes, en remuant sans cesse, pour qu'elle se détache des parois. Incorporer la margarine et poivrer au goût. Étaler la polenta chaude sur une plaque de cuisson ou une planche de bois humectée en lui donnant 1 cm (½ po) d'épaisseur. Laisser reposer environ 1 heure, jusqu'à ce qu'elle commence à prendre.

Entre-temps, cuire la courge dans l'eau bouillante jusqu'à tendreté. À l'aide d'une fourchette, défaire la chair en filaments et réserver au chaud.

Champignons: Chauffer l'huile dans une casserole et cuire les champignons, l'ail et l'origan haché quelques minutes. Ajouter le vin, monter le feu et cuire jusqu'à évaporation presque complète. Assaisonner au goût et réserver au chaud.

Chauffer une poêle en fonte, découper la polenta en triangles et cuire de chaque côté jusqu'à ce qu'ils soient légèrement noircis. Servir aussitôt avec la courge spaghetti et les champignons.

PAR PORTION: CAL: 434; MATIÈRE GRASSE: 23,9 G (4 G GRAS SATURÉ); PROTÉINES TOTALES: 7,9 G; CALCIUM: 52 MG; SODIUM: 0,64 G.

poivrons farcis au riz

Un classique revisité: des poivrons farcis à l'ail, au piment, au basilic et à la sauce soja.

4 poivrons rouges, verts, jaunes ou orange
4 c. à soupe d'huile végétale
4 gousses d'ail et 2 piments frais, pilés pour faire une purée grossière
80 g (½ tasse) de riz cuit (recette page 49)
100 g (⅔ de tasse) d'oignons, en dés
100 g (⅔ de tasse) d'oignons verts, en fines tranches
80 g (1 tasse) de brocoli (tiges en fines tranches et bouquets en petits morceaux)
50 g (⅔ de tasse) de mange-tout, effilés
4 c. à thé (à café) de sauce soja légère
1 c. à thé (à café) de sauce soja foncée
2 c. à thé (à café) de sucre blanc
Sel, au goût
Quelques feuilles de basilic
1 piment rouge frais, haché

4 portions

Préchauffer le four à 190 °C/375 °F/gaz 5.

Couper le dessus des poivrons et réserver les chapeaux.

Chauffer un wok ou une poêle à feu moyen, verser l'huile et faire revenir la purée d'ail et de piment quelques secondes. (En chauffant d'abord le wok, on s'assure que l'huile ne brûlera pas la purée.) Incorporer le riz, puis les oignons, les oignons verts, le brocoli et les mange-tout. Ajouter les sauces soja, le sucre et le sel en remuant avec soin. Ajouter le basilic et les piments et remuer quelques secondes.

Farcir les poivrons avec le mélange de riz. Badigeonner le fond d'un plat de cuisson ou d'une lèchefrite avec un peu d'huile et placer les poivrons à la verticale. Remettre les chapeaux en place et cuire au four environ 20 minutes, pour qu'ils soient tendres sans avoir perdu leur forme. Servir aussitôt.

PAR PORTION: CAL: 437; MATIÈRE GRASSE: 24,5 G (2,6 G GRAS SATURÉ); PROTÉINES TOTALES: 10,3 G; CALCIUM: 194 MG; SODIUM: 1,11 G.

poireaux, fenouil et pommes de terre au four

Les poireaux conviennent davantage à la cuisson que les oignons verts parce qu'ils sont plus larges et plus fermes.

400 g (14 oz) de bulbes de fenouil
400 g (14 oz) de pommes de terre nouvelles
200 g (2 tasses) de poireaux, en tranches de 8 cm (3 po) de longueur
125 ml (½ tasse) d'huile d'olive
2 c. à soupe de margarine végétalienne, fondue
2 c. à soupe d'eau
1 citron
4 tiges de thym
2 gros oignons rouges, en rondelles de 7 mm (⅓ de po) d'épaisseur
Sel et poivre noir du moulin

4 portions

Préchauffer le four à 200 °C/400 °F/gaz 6.

Couper les bulbes de fenouil en quatre et les pommes de terre en deux. Mettre dans une grande lèchefrite, face coupée vers le haut. Arroser avec l'huile, puis ajouter la margarine et l'eau.

Couper le citron en deux et presser les deux moitiés sur les légumes. Mettre les écorces dans la lèchefrite, ajouter le thym et couvrir avec une feuille de papier-parchemin humectée.

Cuire au four de 20 à 25 minutes ou jusqu'à cuisson complète des légumes. Environ 10 minutes avant la fin de la cuisson, ajouter les oignons et cuire jusqu'à tendreté. Saler et poivrer avant de servir.

PAR PORTION: CAL: 387; MATIÈRE GRASSE: 29,7 G (4,5 G GRAS SATURÉ); PROTÉINES TOTALES: 4,9 G; CALCIUM: 80 MG; SODIUM: 0,18 G.

risotto aux carottes et à la citrouille

Ce risotto est consistant grâce au mélange de riz et de citrouille dont la douceur naturelle se marie bien avec le goût sucré des carottes.

2 litres (8 tasses) de bouillon de légumes
5 c. à thé (à café) de margarine végétalienne
3 c. à soupe d'huile d'olive
2 gousses d'ail, hachées finement
1 oignon rouge, haché finement
200 g (1 ⅔ tasse) de carottes, hachées
500 g (4 tasses) de citrouille ou de potiron, pelé, épépiné et haché
450 g (2 ¼ tasses) de riz arborio
Sel et poivre noir du moulin
Quelques feuilles de basilic, hachées finement

4 portions

Dans une casserole, porter le bouillon à ébullition, baisser le feu et laisser mijoter à feu doux.

Dans une grande casserole à fond épais, chauffer la margarine et l'huile à feu moyen. Faire sauter l'ail et les oignons de 2 à 3 minutes. Ajouter les carottes et la citrouille et cuire jusqu'à tendreté. Ajouter le riz et remuer 1 minute pour bien l'enrober.

Verser une louche de bouillon chaud sur le riz et laisser mijoter en remuant jusqu'à absorption complète. Répéter cette étape, en ajoutant une louche de bouillon à la fois, jusqu'à ce que le riz soit juste *al dente.* Assaisonner au goût et incorporer le basilic.

Retirer du feu, couvrir et laisser reposer de 3 à 4 minutes. Servir aussitôt dans des bols chauds.

PAR PORTION: CAL: 552; MATIÈRE GRASSE: 14,9 G (2,4 G GRAS SATURÉ); PROTÉINES TOTALES: 12,7 G; CALCIUM: 132 MG; SODIUM: 0,81 G.

cari de légumes

On peut se procurer du substitut de viande d'origine végétale dans les magasins d'aliments naturels et plusieurs supermarchés.

1 c. à soupe d'huile végétale
4 c. à soupe de purée de cari rouge ou de purée de cari Massaman
300 g (10 oz) de morceaux de substitut de viande d'origine végétale
180 ml (¾ de tasse) de lait de coco
310 ml (1 ¼ tasse) de crème de soja
2 grosses pommes de terre, pelées et coupées en 4 ou 5 morceaux
1 oignon, en grosses tranches
1 c. à soupe d'arachides, rôties
4 graines de cardamome, rôties (si on utilise de la purée de cari rouge)
2 bâtons de cannelle de 2,5 cm (1 po), grillés (si on utilise de la purée de cari rouge)
2 c. à soupe de jus de tamarin ou 1 ½ c. à soupe de jus de citron frais
3 c. à soupe de sucre de palmier ou 1 ¼ c. à soupe de sucre
1 ½ c. à soupe de sauce de poisson ou du sel au goût
Quelques feuilles de coriandre
Pain naan ou riz cuit (recette page 49)

Pour les échalotes croustillantes
1 c. à soupe d'huile végétale
4 échalotes, en fines tranches

4 portions

Échalotes croustillantes: Chauffer l'huile dans un wok à feu moyen. Faire sauter les échalotes en remuant jusqu'à ce qu'elles soient dorées et croustillantes. Laisser égoutter dans une assiette couverte de papier absorbant et réserver.

Pour faire le cari, chauffer l'huile dans un wok à feu doux. Faire revenir la purée de cari environ 15 secondes, ajouter le substitut de viande et faire revenir pendant 1 minute.

Ajouter le lait de coco et la crème de soja et cuire 5 minutes en remuant. Ajouter les pommes de terre, les oignons, les arachides, la cardamome et les bâtons de cannelle. Incorporer le jus de tamarin, le sucre et la sauce de poisson. Laisser mijoter environ 20 minutes, jusqu'à ce que les pommes de terre soient cuites et qu'une mince couche d'huile commence à se former à la surface.

Servir dans un grand bol et garnir d'échalotes croustillantes et de coriandre. Accompagner de pain naan ou de riz.

PAR PORTION: CAL: 536; MATIÈRE GRASSE: 34,9 G (10,4 G GRAS SATURÉ); PROTÉINES TOTALES: 19,7 G; CALCIUM: 153 MG; SODIUM: 1,01 G.

cari aux courgettes et aux litchis

Une recette bonne pour la santé... et le tour de taille!

1 c. à thé (à café) de zeste de lime, râpé
4 c. à soupe de purée de cari rouge du commerce
1 ½ c. à soupe d'huile végétale
5 feuilles de combava (lime kaffir), déchiquetées
750 ml (3 tasses) de bouillon de légumes ou d'eau
400 g (1 ⅔ tasse) de litchis en conserve, égouttés (réserver 180 ml/¾ de tasse de sirop)
310 g (2 tasses) de courge musquée, pelée et coupée en morceaux
2 grosses courgettes
1 morceau de faux galanga de 7 cm (2 ¾ po), pelé et coupé en fine julienne
1 c. à soupe de poivre vert frais ou en saumure
4 c. à soupe de sauce de poisson
1 c. à thé (à café) de sucre
Quelques feuilles de basilic
1 piment vert frais, coupé sur la longueur en fines lamelles
1 piment rouge frais, coupé sur la longueur en fines lamelles
Riz, bouilli (recette page 49)

4 portions

À l'aide d'un pilon et d'un mortier, piler le zeste de lime dans la purée de cari. Chauffer l'huile dans un wok à feu doux, puis faire revenir la purée de zeste et de cari environ 15 secondes. Ajouter le combava et remuer pendant 10 secondes.

Ajouter le bouillon et le sirop de litchis réservé. Porter à ébullition en remuant sans cesse jusqu'à consistance homogène (sans grumeaux).

Ajouter les courges et cuire à feu moyen de 3 à 4 minutes, jusqu'à tendreté. Ajouter les courgettes, les litchis, le faux galanga et les grains de poivre vert. Assaisonner avec la sauce de poisson et le sucre et cuire 2 minutes.

Juste avant de servir, ajouter quelques feuilles de basilic et les trois quarts des piments. Remuer et disposer dans un grand bol. Garnir avec le reste du basilic et des piments, puis servir avec le riz.

PAR PORTION: CAL: 217; MATIÈRE GRASSE: 8 G (0,6 G GRAS SATURÉ); PROTÉINES TOTALES: 6,8 G; CALCIUM: 134 MG; SODIUM: 1,62 G.

aubergine à l'ail et au piment

Un délice avec les pâtes ou comme garniture pour la pizza ou la bruschetta grillée.

1 grosse aubergine
1 c. à soupe d'huile végétale
8 tomates cerises, coupées en deux
2 gousses d'ail et 1 piment rouge frais, pilés pour faire une purée
½ c. à thé (à café) de sucre
Sel, au goût
4 c. à soupe de bouillon de légumes ou d'eau
1 piment rouge frais, coupé en lamelles sur la longueur
Quelques feuilles de basilic

4 portions

Couper l'aubergine en longues et minces tranches sur la longueur. Tremper dans l'eau froide et égoutter sur du papier absorbant. Dans une poêle sèche, à feu doux, cuire les aubergines en retournant une fois à mi-cuisson (elles doivent être cuites mais encore fermes). Retirer le surplus d'eau et réserver au chaud.

Dans la même poêle, chauffer l'huile, puis ajouter les tomates et la purée d'ail et de piment. Faire revenir quelques secondes, baisser le feu, puis ajouter le sucre et le sel. Verser le bouillon et laisser mijoter environ 30 secondes, jusqu'à léger épaississement.

Incorporer les trois quarts des piments et du basilic et chauffer quelques secondes.

Verser la sauce sur les aubergines et servir avec le reste du piment et du basilic.

PAR PORTION: CAL: 54; MATIÈRE GRASSE: 3,4 G (0,3 G GRAS SATURÉ); PROTÉINES TOTALES: 1,6 G; CALCIUM: 20 MG; SODIUM: 0,12 G.

sauté de champignons et de maïs aux oignons verts

Ce sauté peut être servi avec du riz vapeur ou des nouilles aux œufs.

2 c. à soupe d'huile végétale
4 gousses d'ail, écrasées
125 g (¼ de lb) de pleurotes, nettoyés
60 g (2 oz) de volvaires (ou de champignons séchés aux choix), trempées dans l'eau chaude, égouttées et coupées en fines lamelles
90 g (3 oz) de champignons de Paris, en quartiers
30 g (1 oz) d'oreilles-de-Judas séchées, trempées dans l'eau chaude et égouttées
90 g (½ tasse) d'épis de maïs miniatures
4 c. à soupe d'eau
1 c. à soupe de sauce de poisson
1 c. à soupe de sauce soja légère
½ c. à thé (à café) de sucre
2 oignons verts, en morceaux de 2,5 cm (1 po)
1 c. à soupe de fécule de manioc, délayée avec 2 à 3 c. à soupe d'eau froide
1 pincée de poivre blanc moulu
Quelques feuilles de coriandre

4 portions

Dans un wok, chauffer l'huile à feu moyen. Faire revenir l'ail quelques secondes, puis ajouter tous les champignons et les épis de maïs. Faire sauter de 1 à 2 minutes, ajouter l'eau et porter à ébullition en remuant sans cesse.

Baisser la température à feu moyen, puis ajouter la sauce de poisson, la sauce soja et le sucre. Incorporer les oignons verts. Ajouter la fécule délayée et remuer jusqu'à épaississement de la sauce. Poivrer et garnir de coriandre.

PAR PORTION: CAL: 177; MATIÈRE GRASSE: 8,9 G (1,1 G GRAS SATURÉ); PROTÉINES TOTALES: 4,7 G; CALCIUM: 51 MG; SODIUM: 0,6 G.

œufs pochés, sauce tomate aux oignons

Des ingrédients peu coûteux pour un plat délicieux!

Huile végétale (pour la friture)
1 oignon, en fines rondelles
3 grosses tomates italiennes, en dés
3 grosses pommes de terre nouvelles, en dés
1 grosse carotte, en dés
2 c. à soupe d'eau
1 ½ c. à soupe de sauce de poisson
1 c. à thé (à café) de vinaigre de malt
1 c. à thé (à café) de sucre
8 petits œufs
1 pincée de poivre blanc moulu

4 portions

Chauffer un peu d'huile dans une poêle et frire les rondelles d'oignon, en remuant de temps à autre, jusqu'à ce qu'elles soient légèrement dorées. Ajouter les autres légumes et cuire de 2 à 3 minutes. Ajouter l'eau, couvrir et laisser mijoter jusqu'à ce que les pommes de terre et les carottes soient cuites mais encore un peu fermes (éviter de trop les cuire). Assaisonner avec la sauce de poisson, le vinaigre et le sucre. Réserver au chaud.

Porter une casserole d'eau à ébullition. Casser doucement les œufs dans l'eau un à un (on devra probablement procéder en 3 étapes). Cuire jusqu'à ce que les blancs commencent à prendre (environ 4 minutes) ou jusqu'à cuisson au goût. À l'aide d'une écumoire, déposer doucement les œufs cuits dans une assiette. Réserver au chaud pendant que l'on procède à la cuisson des autres œufs.

Disposer les œufs pochés dans une grande assiette. ÀNapper avec la sauce aux légumes et poivrer.

PAR PORTION: CAL: 347; MATIÈRE GRASSE: 21,8 G (4,7 G GRAS SATURÉ); PROTÉINES TOTALES: 19,3 G; CALCIUM: 111 MG; SODIUM: 0,65 G.

couscous aux légumes

Le couscous est plus léger que le riz et se mélange magnifiquement avec les légumes.

350 g (2 tasses) de couscous
625 ml (2 ½ tasses) d'eau bouillante
120 g (1 tasse) de carottes miniatures, hachées
1 poivron rouge, évidé et coupé en fines tranches
110 g (¾ de tasse) de pois sucrés
4 petits poireaux, en tranches
110 g (⅔ de tasse) de grains de maïs
60 ml (¼ de tasse) de jus de citron
2 c. à soupe d'huile d'olive
Sel et poivre noir du moulin
1 c. à soupe de menthe fraîche, hachée

4 portions

Mettre le couscous dans un grand bol et couvrir avec l'eau bouillante. Laisser reposer environ 10 minutes, jusqu'à absorption complète du liquide. Détacher les grains à l'aide d'une fourchette.

Cuire les carottes dans l'eau bouillante légèrement salée environ 2 minutes. Ajouter les poivrons, les pois, les poireaux et le maïs, puis poursuivre la cuisson pendant 3 minutes. Bien égoutter et déposer dans le bol de couscous.

Ajouter le jus de citron et l'huile et remuer doucement. Saler et poivrer au goût, puis incorporer la menthe. Remuer et servir.

PAR PORTION: CAL: 308; MATIÈRE GRASSE: 7,3 G (1 G GRAS SATURÉ); PROTÉINES TOTALES: 7,9 G; CALCIUM: 54 MG; SODIUM: 0,11 G.

fusillis au lait de coco et à la lime

Si vous comptez vos calories, diluez le lait de coco avec de l'eau.

350 g (3 tasses) de fusillis séchés
Sel, au goût
1 c. à thé (à café) de zeste de lime, râpé
Feuilles de coriandre

Pour la sauce
310 ml (1 ¼ tasse) de lait de coco
1 tige de citronnelle, broyée légèrement
1 racine de coriandre fraîche, broyée légèrement
2 feuilles de combava (lime kaffir)
160 ml (⅔ de tasse) d'eau
1 ½ c. à thé (à café) de sucre
1 morceau de galanga de 1 cm (½ po), en rondelles très fines
60 g (2 oz) de pleurotes
4 petits piments séchés, équeutés
1 ½ c. à soupe de jus de lime frais

3 portions

Cuire les pâtes dans une grande casserole d'eau bouillante salée selon le mode de cuisson inscrit sur l'emballage jusqu'à cuisson *al dente*.

Sauce: Dans une casserole, porter le lait de coco à ébullition à feu vif. Ajouter la tige de citronnelle, la racine de coriandre et le combava. Ajouter l'eau, baisser le feu et laisser mijoter 10 minutes. Filtrer et réserver le liquide.

Saler au goût, incorporer le sucre et bien remuer. Ajouter le galanga, les champignons et les piments. Porter à ébullition, puis ajouter le jus de lime.

Retirer du feu, ajouter les pâtes égouttées et remuer pour bien les enrober de sauce. Servir dans des assiettes, parsemer de zeste de lime et garnir de coriandre.

PAR PORTION: CAL: 588; MATIÈRE GRASSE: 18,7 G (14,3 G GRAS SATURÉ); PROTÉINES TOTALES: 16 G; CALCIUM: 73 MG; SODIUM: 0,59 G.

macaroni aux tomates cerises rôties

Un succulent macaroni sans fromage! S'il vous arrive parfois de manger des produits laitiers, permettez-vous d'ajouter du fromage végétalien râpé à la sauce.

180 g (6 oz) de tomates cerises
1 c. à soupe d'huile d'olive
Sel et poivre noir du moulin
225 g (2 tasses) de macaronis séchés
50 g (¼ de tasse) de margarine végétalienne
50 g (⅓ de tasse) de farine
500 ml (2 tasses) de bouillon de légumes
1 c. à soupe de moutarde de Dijon
2 œufs, battus

4 portions

Préchauffer le four à 220 °C/425 °F/gaz 7. Déposer les tomates dans un plat de cuisson de 2 litres (8 tasses). Arroser avec l'huile et assaisonner au goût. Faire rôtir au four environ 15 minutes, jusqu'à ce qu'elles ramollisent un peu et que leur peau soit fendillée. Réserver.

Entre-temps, cuire les pâtes dans une grande casserole d'eau bouillante jusqu'à cuisson *al dente*. Égoutter et réserver.

Faire fondre la margarine dans une casserole et cuire la farine environ 20 secondes. Verser lentement le bouillon en remuant sans cesse jusqu'à ce que la sauce soit onctueuse. Porter à ébullition jusqu'à léger épaississement. Ajouter la moutarde et assaisonner au goût. Laisser refroidir un peu à température ambiante.

Mélanger les œufs avec la sauce et bien remuer. Ajouter les pâtes, remettre la casserole à feu doux et remuer de 5 à 6 minutes en prenant soin de ne pas brouiller les oeufs.

Déposer les pâtes dans le plat de cuisson contenant les tomates rôties et bien mélanger. Cuire au four environ 15 à 20 minutes, jusqu'à ce que le dessus soit doré. Servir chaud.

PAR PORTION: CAL: 410; MATIÈRE GRASSE: 18 G (3,6 G GRAS SATURÉ); PROTÉINES TOTALES: 12,7 G; CALCIUM: 71 MG; SODIUM: 0,52 G.

tagliatelles aux pleurotes et aux noix

La sauce onctueuse à la crème de soja et au vin blanc se marie bien avec les noix et les pleurotes.

3 c. à soupe d'huile d'olive
250 g (8 oz) de pleurotes, déchiquetés
2 gousses d'ail, écrasées
1 oignon, haché finement
60 g (½ tasse) de noix, hachées grossièrement
160 ml (⅔ de tasse) de vin blanc sec
4 c. à soupe de crème de soja
2 c. à soupe de feuilles de romarin hachées + 2 brins pour garnir
1 petit poireau, haché finement
Sel, au goût
250 g (2 tasses) de tagliatelles séchées

4 portions

Chauffer l'huile dans une poêle et faire revenir les champignons, l'ail et les oignons jusqu'à tendreté. Ajouter les noix et cuire 3 minutes de plus.

Verser le vin et la crème de soja, puis ajouter le romarin haché et les poireaux. Laisser mijoter quelques minutes jusqu'à ce que les poireaux soient tendres. Saler au goût et réserver au chaud.

Entre-temps, cuire les pâtes dans une grande casserole d'eau bouillante salée selon le mode de cuisson inscrit sur l'emballage jusqu'à cuisson *al dente*. Bien égoutter et répartir dans des assiettes. Napper avec la sauce et garnir avec les brins de romarin.

PAR PORTION: CAL: 435; MATIÈRE GRASSE: 20,9 G (2,6 G GRAS SATURÉ); PROTÉINES TOTALES: 11,1 G; CALCIUM: 84 MG; SODIUM: 0,21 G.

lasagne aux légumes

Le fromage et la boisson de soja donnent une lasagne superbement crémeuse.

250 g (8 oz) de lasagnes séchées
2 c. à soupe d'huile d'olive extra vierge
3 gousses d'ail, écrasées
1 oignon rouge, haché finement
1 aubergine, en rondelles d'environ 5 mm (¼ de po) d'épaisseur
1 poivron rouge ou jaune, évidé et coupé en dés
400 g (2 ⅔ tasses) de tomates hachées en conserve
1 courgette, en rondelles d'environ 1 cm (½ po) d'épaisseur
1 c. à soupe de purée de tomates
180 ml (¾ de tasse) de bouillon de légumes
50 g (½ tasse) de fromage de soja, râpé finement
1 c. à soupe de chapelure

Pour la sauce blanche
3 c. à soupe de margarine végétalienne
5 c. à thé (à café) de farine
500 ml (2 tasses) de boisson ou de jus de soja
2 c. à thé (à café) de moutarde de Dijon
Sel et poivre noir du moulin
2 c. à soupe d'origan frais, haché

4 portions

Si l'on utilise des lasagnes séchées «précuites», il est bon de les faire cuire quand même, car il sera plus facile de les manipuler pour le montage de la lasagne. Porter une grande casserole d'eau légèrement salée à ébullition, ajouter les pâtes, remuer doucement et ramener à ébullition. Laisser bouillir 10 minutes et égoutter. Rincer les lasagnes à l'eau froide pour les empêcher de coller les unes aux autres et réserver.

Dans une grande casserole, chauffer l'huile à feu moyen et faire revenir l'ail et les oignons quelques minutes. Ajouter les aubergines et les poivrons et faire sauter 10 minutes en remuant de temps à autre. Ajouter les tomates, les courgettes, la purée de tomates et le bouillon. Couvrir et laisser mijoter de 7 à 8 minutes, jusqu'à ce que les légumes soient tendres (éviter de trop cuire). Retirer du feu et réserver.

Préchauffer le four à 200 °C/400 °F/gaz 6.

Sauce blanche: Faire fondre la margarine dans une casserole, ajouter la farine et faire revenir à feu moyen de 2 à 3 minutes en remuant sans cesse. Verser la boisson de soja peu à peu, ajouter la moutarde et porter à ébullition en remuant jusqu'à épaississement. Assaisonner au goût et incorporer l'origan.

Dans un plat de cuisson rectangulaire, étaler la moitié de la préparation aux légumes. Napper avec 2 ou 3 c. à soupe de sauce blanche et ajouter une couche de lasagnes. Répéter ces étapes jusqu'à épuisement des légumes. Terminer le montage par une couche de lasagnes recouverte de sauce blanche.

Dans un bol, mélanger le fromage de soja et la chapelure et étaler uniformément sur le dessus de la lasagne. Cuire au four de 30 à 35 minutes, jusqu'à ce que le dessus soit doré.

PAR PORTION: CAL: 524; MATIÈRE GRASSE: 21,6 G (3,3 G GRAS SATURÉ); PROTÉINES TOTALES: 18,3 G; PROTÉINES DU SOJA: 5 G; CALCIUM: 158 MG; SODIUM: 0,57 G.

œufs, crevettes et oignons verts à l'étouffée

Voici un plat aux œufs santé dont la texture légère et délicate est semblable à celle du tofu. Pour faire un mets végétarien, omettez les crevettes.

8 œufs moyens
250 ml (1 tasse) d'eau
150 g (5 oz) de crevettes, cuites
2 c. à soupe de sauce de poisson
2 c. à thé (à café) de sucre
10 échalotes, en fines tranches
4 oignons verts, hachés finement
Riz, bouilli (recette page 49)

Pour la garniture
2 c. à thé (à café) d'ail croustillant (recette page 75)
Quelques feuilles de coriandre fraîche
1 piment, coupé sur la longueur en fines lamelles
Poivre blanc moulu

4 portions

Préchauffer une marmite à vapeur à température élevée.

Battre les œufs et l'eau dans un bol peu profond résistant à la chaleur pouvant entrer dans la marmite. Incorporer les crevettes, la sauce de poisson, le sucre, les échalotes et les oignons verts.

Mettre le bol dans la marmite, couvrir et laisser cuire à l'étouffée de 15 à 20 minutes, jusqu'à ce que les œufs soient cuits et durs.

Garnir d'ail croustillant, de coriandre, de piments et de poivre blanc. Servir avec le riz cuit.

PAR PORTION: CAL: 230; MATIÈRE GRASSE: 13,5 G (3,3 G GRAS SATURÉ); PROTÉINES TOTALES: 23,1 G; CALCIUM: 193 MG; SODIUM: 2,16 G.

crevettes au céleri et aux pignons

Les pignons grillés font fureur dans cette recette. On devrait les utiliser plus souvent dans diverses préparations.

2 c. à soupe de pignons
2 c. à soupe d'huile végétale
2 gousses d'ail, écrasées
250 g (½ lb) de crevettes tigrées crues, décortiquées et déveinées (laisser la queue)
100 g (¾ de tasse) de céleri, haché (avec les feuilles)
2 c. à soupe de sauce de poisson
1 c. à soupe de sucre
Poivre blanc moulu
Feuilles de coriandre
Riz, bouilli (recette page 49) ou nouilles aux œufs

4 portions

Dans une poêle, griller les pignons à sec jusqu'à ce qu'ils soient dorés. Réserver.

Dans un wok, à feu moyen, chauffer l'huile et faire revenir l'ail 30 secondes. Faire revenir ensuite les crevettes jusqu'à ce qu'elles soient cuites à moitié.

Ajouter le céleri et cuire de 30 à 40 secondes. Assaisonner avec les pignons, la sauce de poisson et le sucre en remuant sans cesse.

Saupoudrer de poivre blanc et garnir de coriandre. Servir chaud avec du riz ou des nouilles aux œufs.

PAR PORTION: CAL: 163; MATIÈRE GRASSE: 10,1 G (1,1 G GRAS SATURÉ); PROTÉINES TOTALES: 13,2 G; CALCIUM: 68 MG; SODIUM: 0,71 G.

calmars braisés aux épinards

Le mélange de calmars et d'épinards est irrésistible.

600 g (1 lb 5 oz) de pommes de terre, pelées et coupées en tranches de 1 cm (½ po) d'épaisseur
500 g (1 lb) d'épinards (retirer les tiges trop coriaces)
2 c. à soupe d'huile d'olive
Sel et poivre noir du moulin
8 calmars moyens, nettoyés
65 g (⅓ de tasse) de margarine végétalienne, en petits morceaux
Assaisonnement au chili piquant, au goût
2 citrons
Quelques brins de persil frais

4 portions

Cuire les pommes de terre dans une casserole d'eau bouillante environ 10 minutes, jusqu'à tendreté. Bien égoutter et réserver.

Cuire les épinards à la vapeur jusqu'à ce qu'ils soient très tendres. Bien égoutter et laisser refroidir un peu. Extraire le surplus d'eau en les pressant avec les mains. Dans un bol, bien mélanger les épinards avec l'huile. Saler et poivrer au goût et réserver.

Préchauffer le four à 180 °C/350 °F/gaz 4. Huiler légèrement une casserole ronde de 2 litres (8 tasses). Farcir les calmars avec les épinards et fermer l'ouverture à l'aide d'un bâtonnet à coquetel en bois. Réserver.

Disposer les pommes de terre dans la casserole en les faisant se chevaucher légèrement. Couvrir avec la moitié de la margarine. Ajouter les calmars farcis et le reste de la margarine. Saupoudrer d'assaisonnement au chili et rectifier l'assaisonnement. Couvrir et cuire au four environ 35 à 40 minutes, jusqu'à ce que les calmars soient tendres.

Au moment de servir, presser les citrons sur les calmars et garnir de persil.

PAR PORTION: CAL: 415; MATIÈRE GRASSE: 22,2 G (3,8 G GRAS SATURÉ); PROTÉINES TOTALES: 25,8 G; CALCIUM: 222 MG; SODIUM: 0,54 G.

poisson grillé, sauce au gingembre et au miso

Ajustez la quantité de miso à votre goût pour obtenir un plat plus ou moins salé.

2 c. à soupe de fécule de manioc
60 ml (¼ de tasse) d'eau
2 dorades de 750 g (1 ½ lb) chacune, nettoyées et éviscérées
2 ½ c. à soupe d'huile végétale
1 morceau de gingembre de 15 cm (6 po), pelé et coupé sur la longueur en fines lamelles
4 gousses d'ail, écrasées
1 c. à soupe de miso
1 c. à soupe de sauce soja légère
2 c. à thé (à café) de sauce de poisson
1 ½ c. à soupe de sucre
90 g (3 oz) de volvaires (ou de champignons séchés au choix), trempées dans l'eau chaude et égouttées
180 g (6 oz) de pleurotes, nettoyés
4 oignons verts, en morceaux de 2,5 cm (1 po)
875 ml (3 ½ tasses) de bouillon de poulet ou d'eau
1 c. à soupe d'huile de sésame

Pour la garniture
Quelques feuilles de coriandre
Poivre blanc moulu

4 portions

Dans un petit bol, délayer la fécule de manioc dans l'eau pour obtenir une pâte légère. Réserver. Faire 3 incisions d'environ 3 mm (⅛ de po) de chaque côté des poissons. Badigeonner sur toutes les faces avec environ 1 c. à soupe d'huile. Mettre les poissons sur une plaque de cuisson.

Préchauffer le gril à température moyenne et faire griller les poissons environ 5 à 7 minutes de chaque côté, jusqu'à cuisson complète. Réserver au chaud.

Chauffer le reste de l'huile dans un wok à feu moyen. Ajouter le gingembre, l'ail et le miso et remuer 30 secondes. Incorporer la sauce soja, la sauce de poisson et le sucre. Ajouter tous les champignons, les oignons verts et le bouillon. Remuer et ajouter la fécule de manioc délayée en mélangeant environ 30 secondes, jusqu'à consistance d'une sauce légère. Incorporer l'huile de sésame.

Détacher la chair des arêtes et servir dans des assiettes. Napper avec la sauce et les légumes, garnir de coriandre et poivrer au goût.

PAR PORTION: CAL: 375; MATIÈRE GRASSE: 15,1 G (2,1 G GRAS SATURÉ); ROTÉINES TOTALES: 32,2 G; PROTÉINES DU SOJA: 2 G; CALCIUM: 134 MG; SODIUM: 1,21 G.

pâté au poisson

Utilisez votre poisson préféré pour cette recette. L'églefin, la morue et le saumon s'effeuillent sans difficulté.

1 kg (2 lb) de pommes de terre, pelées et coupées en cubes
500 ml (2 tasses) de boisson ou de jus de soja
375 g (13 oz) d'un mélange de filets d'églefin, de morue et de saumon
50 g (¼ de tasse) de margarine végétalienne
50 g (⅓ de tasse) de farine
Sel et poivre noir du moulin
150 g (1 tasse) de petits pois congelés
20 g (¾ de tasse) de ciboulette, ciselée
1 c. à thé (à café) d'estragon frais, haché
2 c. à soupe de persil frais, haché

4 portions

Cuire les pommes de terre dans l'eau bouillante salée environ 20 minutes. Entre-temps, verser la boisson de soja dans une autre casserole et ajouter le poisson. Porter doucement à ébullition, retirer du feu et laisser reposer environ 5 minutes. À l'aide d'une écumoire, mettre le poisson dans une assiette et réserver. Réserver 180 ml (¾ de tasse) de boisson de soja pour la purée et garder le reste pour la sauce.

Sauce: Faire fondre la moitié de la margarine dans une casserole à fond épais et cuire la farine 1 minute. À l'aide d'un fouet, incorporer la boisson de soja réservée pour la sauce et porter à ébullition. Laisser mijoter quelques minutes en remuant.

Préchauffer le four à 200 °C/400 °F/gaz 6. Réduire les pommes de terre égouttées en purée lisse. Ajouter la boisson de soja réservée pour la purée et le reste de la margarine. Saler et poivrer. Ajouter les petits pois et chauffer à feu doux quelques minutes sans laisser bouillir. Incorporer la ciboulette et l'estragon. Verser la préparation dans un plat de cuisson profond. Ajouter le poisson, l'effeuiller et jeter la peau. Remuer doucement. Couvrir avec la purée et lisser le dessus à l'aide d'une fourchette. Cuire au four, sur une plaque de cuisson, environ 30 à 35 minutes, jusqu'à ce que le dessus soit doré. Saupoudrer de persil.

PAR PORTION: CAL: 505; MATIÈRE GRASSE: 17,9 G (3,5 G GRAS SATURÉ); PROTÉINES TOTALES: 34,3 G; PROTÉINES DU SOJA: 3,8 G; CALCIUM: 83 MG; SODIUM: 0,32 G.

vivaneau grillé aux pommes, marrons et raisins secs

Le poisson cuit entier conserve son goût succulent et sa texture tendre.

1 vivaneau d'environ 1,5 kg (ou 2 petits), nettoyé
Sel et poivre du moulin
2 c. à soupe d'huile d'olive

Pour la sauce
3 c. à soupe d'huile d'olive
1 oignon, haché
200 g (7 oz) de marrons, cuits
40 g (⅓ de tasse) de raisins secs
2 pommes à cuire, évidées et en gros morceaux
2 pommes rouges, évidées et en gros morceaux
Le jus de 1 orange

4 portions

Préchauffer le four à 200 °C/400 °F/gaz 6. Laver et éponger le poisson. Saler et poivrer l'intérieur et l'extérieur. Déposer dans une lèchefrite huilée et badigeonner la peau avec l'huile d'olive. Réserver.

Sauce: Dans une casserole, à feu doux, chauffer l'huile et faire revenir les oignons, les marrons, les raisins secs et les pommes quelques minutes. Verser lentement le jus d'orange et cuire à feu doux de 2 à 3 minutes.

Verser la sauce sur le poisson et tout autour. Couvrir de papier d'aluminium et cuire au four environ 30 minutes, jusqu'à cuisson complète (ou lorsque la chair, dans la partie la plus épaisse, est opaque et se détache facilement des arêtes).

Lever les filets avec soin. Servir chaud dans des assiettes et napper avec la sauce.

PAR PORTION: CAL: 506; MATIÈRE GRASSE: 18,3 G (2,8 G GRAS SATURÉ); PROTÉINES TOTALES: 46,1 G; CALCIUM: 132 MG; SODIUM: 0,28 G.

morue à la vapeur et sauce aux légumes

La morue cuite à la vapeur offre une texture très appétissante.

4 filets de morue d'environ 200 g (7 oz) chacun
4 c. à soupe de bouillon de légumes ou d'eau

Pour la sauce
1 ½ c. à soupe d'huile végétale
3 c. à soupe de carottes, en fins bâtonnets
60 g (⅓ de tasse) d'épis de maïs miniatures
50 g (⅓ de tasse) d'oignons, hachés
50 g (⅓ de tasse) d'ananas, haché
50 g (⅓ de tasse) de tomates, hachées
40 g (¼ de tasse) de poivrons mélangés, évidés et hachés
3 c. à soupe de concombre, épépiné et coupé en fins bâtonnets
30 g (1 oz) de pleurotes
1 c. à soupe de bouillon de légumes ou d'eau
2 ½ c. à soupe de sauce de poisson
2 c. à soupe de ketchup
1 c. à soupe de sucre
1 c. à soupe de vinaigre de malt

4 portions

Préchauffer une marmite à vapeur. Mettre le poisson dans une assiette, ajouter le bouillon et cuire dans la marmite environ 15 à 20 minutes, jusqu'à cuisson complète.

Sauce: Dans un wok ou une grande poêle, chauffer l'huile à feu moyen et faire revenir les carottes et le maïs environ 30 secondes. Faire ensuite sauter les oignons, les ananas, les tomates, les poivrons, les concombres et les champignons en remuant sans cesse.

Ajouter le bouillon, la sauce de poisson, le ketchup, le sucre et le vinaigre. Remuer jusqu'à ce que tous les légumes soient tendres et chauds (éviter de trop cuire).

Servir les filets dans des assiettes et napper avec la sauce.

PAR PORTION: CAL: 247; MATIÈRE GRASSE: 5,7 G (0,8 G GRAS SATURÉ); PROTÉINES TOTALES: 38,9 G; CALCIUM: 42 MG; SODIUM: 1 G.

poisson sauté, sauce au citron et aux câpres

Servez ce poisson avec une bonne salade.

3 c. à soupe d'huile d'olive
1 kg (2 lb) de queue de lotte (baudroie) sans peau, coupée en 4 darnes
Poivre noir du moulin
Mesclun, au goût

Pour la sauce
3 c. à soupe d'huile d'olive
4 échalotes, hachées
1 c. à soupe de petites câpres, rincées
4 anchois dans l'huile, égouttés et hachés
3 c. à soupe de vin blanc sec ou d'eau
3 c. à soupe de jus de citron frais

4 portions

Dans une grande poêle, à feu moyen, chauffer l'huile et cuire les darnes en les pressant à l'aide d'une spatule. Lorsque la partie inférieure est légèrement dorée, cuire le poisson de l'autre côté en baissant le feu au besoin. Réserver au chaud dans une assiette.

Sauce: Chauffer l'huile à feu doux et faire sauter les échalotes. Ajouter les câpres et les anchois et cuire 1 minute. Verser le vin peu à peu et porter à ébullition. Retirer du feu et ajouter le jus de citron.

Servir dans des assiettes et napper avec la sauce. Poivrer au goût et servir avec le mesclun.

PAR PORTION: CAL: 332; MATIÈRE GRASSE: 17,8 G (2,7 G GRAS SATURÉ); PROTÉINES TOTALES: 40,3 G; CALCIUM: 35 MG; SODIUM: 0,26 G.

poulet aux amandes et au poivre vert

Faites rôtir les piments séchés environ 2 minutes dans une poêle sèche en remuant sans cesse jusqu' à ce qu'ils dégagent leur arôme.

150 g (1 tasse) de farine
125 ml (½ tasse) d'eau
200 g (7 oz) de blanc de volaille (poitrine) sans peau et désossé, en fines tranches
Huile végétale (pour la friture)
2 gousses d'ail et 2 racines de coriandre fraîche, pilées ensemble en purée
1 morceau de gingembre de 8 cm (3 po), pelé et coupé en julienne
2 c. à soupe de sauce de poisson
1 ½ c. à soupe de sucre
1 c. à soupe de poivre vert frais ou en saumure
30 g (¼ de tasse) d'amandes effilées
2 oignons verts, en morceaux de 1,5 cm (⅔ de po) de longueur
2 piments séchés, rôtis et hachés
30 g (¼ de tasse) de carottes, en julienne
50 g (⅓ de tasse) de poivrons mélangés, évidés et coupés en tranches
Quelques feuilles de coriandre

4 portions

Dans un bol, mélanger 100 g (⅔ de tasse) de farine avec l'eau pour faire une pâte lisse. Enrober les tranches de volaille et secouer pour retirer l'excédent. Fariner légèrement avec le reste de la farine pour bien faire adhérer l'enrobage.

Dans un wok, à feu vif, chauffer suffisamment d'huile jusqu'à 180 °C (350 °F). Cuire la volaille de 2 à 3 minutes, jusqu'à ce qu'elle soit croustillante et remonte à la surface. Égoutter sur du papier absorbant et réserver au chaud. Chauffer 2 c. à soupe d'huile dans le wok à feu moyen. Faire revenir la purée d'ail et de coriandre et le gingembre environ 15 secondes, puis ajouter la sauce de poisson et le sucre. Ajouter un peu d'eau au besoin.

Incorporer le poivre vert, les amandes, les oignons verts, les piments, les carottes et les poivrons. Ajouter le poulet et poursuivre la cuisson en remuant sans cesse. Garnir de coriandre.

PAR PORTION: CAL: 510; MATIÈRE GRASSE: 31,2 G (3,6 G GRAS SATURÉ); PROTÉINES TOTALES: 19,1 G; CALCIUM: 102 MG; SODIUM: 0,61 G.

poulet au citron et à l'origan

Le citron accompagne aussi bien la volaille que la viande, le poisson et les fruits de mer.

4 jeunes poulets (ou poitrines de poulet) d'environ 300 g (10 oz) chacun
3 c. à soupe de farine
2 c. à soupe d'huile d'olive
1 ½ c. à soupe de zeste de citron, râpé
1 oignon, haché finement
Les feuilles de 2 brins d'origan, hachés
375 ml (1 ½ tasse) de vin blanc sec
Sel et poivre noir du moulin
Légumes, au goût

4 portions

Préchauffer le four à 180 °C/350 °F/gaz 4.

Éponger le poulet avec du papier absorbant. Fariner sur toutes les faces et réserver.

Dans une grande casserole à fond épais, à feu moyen, chauffer l'huile et faire revenir le zeste, les oignons et l'origan. Verser le vin et faire sauter jusqu'à ce que les oignons soient dorés et que le liquide soit réduit de moitié.

Mettre le poulet sur une plaque de cuisson, couvrir avec la moitié de la sauce et assaisonner au goût. Cuire au four 35 minutes en retournant à mi-cuisson. Au moment de le retourner, ajouter le reste de la sauce pour l'empêcher de devenir trop sec.

Disposer le poulet dans des assiettes, napper avec la sauce et servir avec les légumes choisis.

PAR PORTION: CAL: 627; MATIÈRE GRASSE: 38,1 G (9,8 G GRAS SATURÉ); PROTÉINES TOTALES: 46 G; CALCIUM: 52 MG; SODIUM: 0,26 G.

poulet et légumes aux noix de cajou et aux piments rôtis

Les noix de cajou et les piments rôtis sont exquis avec le poulet!

2 c. à soupe d'huile végétale
150 g (5 oz) de blanc de volaille (poitrine) sans peau et désossé, en fines tranches
275 g (2 tasses) de légumes de saison au choix, préparés
4 c. à soupe de bouillon de légumes ou d'eau
3 c. à thé (à café) de sucre
1 ½ c. à soupe de sauce de poisson
Sel, au goût
1 c. à thé (à café) de sauce soja foncée
Quelques noix de cajou, rôties
3 gros piments séchés rôtis (voir page 114), coupés en petits morceaux avec un ciseau
Quelques feuilles de coriandre
Riz, bouilli (recette page 49)

4 portions

Dans un wok, chauffer l'huile à feu moyen, puis faire sauter la volaille jusqu'à cuisson presque complète. Ajouter les légumes au fur et à mesure en commençant par ceux qui nécessitent une cuisson plus longue. Cuire à demi tout en remuant. Verser le bouillon et baisser le feu.

Assaisonner avec le sucre, la sauce de poisson, le sel et la sauce soja. Cuire à feu vif quelques secondes jusqu'à ce que les légumes soient tendres mais encore croquants. Incorporer les noix et les piments.

Servir le poulet, les légumes et le riz dans une grande assiette et garnir de coriandre.

PAR PORTION: CAL: 165; MATIÈRE GRASSE: 9,2 G (1,1 G GRAS SATURÉ); PROTÉINES TOTALES: 12,6 G; CALCIUM: 35 MG; SODIUM: 0,68 G.

poulet rôti à la sauge et au vinaigre balsamique

Le poulet est meilleur si on le laisse mariner plus longtemps.

2 jeunes poulets (ou poitrines de poulet) d'environ 500 g (1 lb) chacun, coupés en deux
60 ml (¼ de tasse) d'huile d'olive extra vierge
2 c. à soupe de vinaigre balsamique
1 c. à soupe de sauge fraîche, hachée
1 gousse d'ail, écrasée
Poivre noir du moulin
Pommes de terre cuites au four et salade assaisonnée

4 portions

Retirer la colonne vertébrale des poulets et aplatir les deux morceaux en crapaudine.

Dans un bol, mélanger l'huile, le vinaigre balsamique, la sauge, l'ail et le poivre. Mettre le poulet dans un grand plat et couvrir avec la marinade en le frottant sur toutes les faces. Couvrir le plat et laisser mariner au réfrigérateur de 2 à 3 heures.

Préchauffer le four à 180 °C/350 °F/gaz 4.

Mettre la volaille sur la grille d'une lèchefrite et rôtir au four de 40 à 45 minutes en badigeonnant régulièrement. Servir avec les pommes de terre et la salade.

PAR PORTION: CAL: 402; MATIÈRE GRASSE: 31,6 G (7,2 G GRAS SATURÉ); PROTÉINES TOTALES: 27,9 G; CALCIUM: 19 MG; SODIUM: 0,11 G.

foie de porc au basilic

Le foie est une bonne source de fer et l'ajout de piments et de basilic frais lui donne beaucoup de saveur.

2 c. à soupe d'huile végétale
2 gousses d'ail et 1 piment rouge frais, pilés pour faire une purée grossière
350 g (¾ de lb) de foie de porc, coupé en bouchées
100 g (⅔ de tasse) d'oignons, en tranches
2 c. à soupe de sauce de poisson
1 ½ c. à thé (à café) de sucre
½ c. à thé (à café) de sauce soja foncée
3 c. à soupe de bouillon de poulet ou d'eau
2 piments rouges frais, coupés en lamelles sur la longueur
Quelques feuilles de basilic
Riz, bouilli (recette page 49)

4 portions

Dans un wok ou une poêle, à feu moyen, chauffer l'huile et faire revenir la purée d'ail et de piment environ 10 secondes.

Ajouter le foie de porc et les oignons et faire sauter en remuant sans cesse pendant quelques minutes. Assaisonner avec la sauce de poisson, le sucre et la sauce soja en remuant bien. Verser le bouillon, puis incorporer les piments et le basilic. Faire sauter 15 secondes et servir aussitôt avec du riz nature.

PAR PORTION: CAL: 176; MATIÈRE GRASSE: 8,3 G (1,5 G GRAS SATURÉ); PROTÉINES TOTALES: 20,4 G; CALCIUM: 25 MG; SODIUM: 0,71 G.

rôti de porc au romarin

Servez ce rôti avec des légumes bouillis ou cuits à la vapeur et de la compote de pommes. Les jus de cuisson créent une sauce délicieuse.

1 longe de porc d'environ 1 kg (2 lb), désossée et roulée
Sel et poivre noir moulu grossièrement
2 c. à soupe d'huile d'olive
1 branche de céleri, hachée
1 oignon, haché
1 gousse d'ail, écrasée
2 c. à soupe de romarin frais, haché + 2 brins entiers
160 ml (⅔ de tasse) de vin blanc sec
250 ml (1 tasse) de bouillon de légumes

5 portions

Préchauffer le four à 180 °C/350 °F/gaz 4.

Frotter la viande avec le sel et le poivre. Dans une casserole allant au four, chauffer l'huile et saisir la longe sur toutes les faces. Réserver dans une grande assiette.

Mettre les légumes, l'ail et le romarin haché dans la casserole. Saler au goût et faire sauter 5 minutes. Placer la viande sur les légumes. Monter le feu, verser le vin et laisser bouillonner rapidement pendant 1 minute en retournant la viande une fois. Verser la moitié du bouillon.

Couvrir la casserole et cuire au four environ 1 h 30 en retournant le rôti une fois à mi-cuisson. Si les légumes semblent devenir trop secs, ajouter un peu de bouillon. Environ 25 minutes avant la fin de la cuisson, mettre les brins de romarin sur le rôti.

Pour servir, retirer la couenne, découper le rôti en tranches et napper avec la sauce.

PAR PORTION: CAL: 424; MATIÈRE GRASSE: 27,3 G (9,4 G GRAS SATURÉ); PROTÉINES TOTALES: 37 G; CALCIUM: 48 MG; SODIUM: 0,23 G.

canard rôti à l'ananas et aux raisins parfumé au cari

Si vous achetez des ananas en conserve, utilisez le jus pour remplacer l'eau et diminuez la quantité de sucre au goût.

5 feuilles de combava (lime kaffir), déchiquetées
4 c. à soupe de purée de cari rouge du commerce
1 c. à soupe d'huile végétale
250 ml (1 tasse) de lait de coco
250 ml (1 tasse) de boisson ou de jus de soja
250 g (½ lb) de filets de canard rôti, en tranches (retirer la peau)
Quelques tranches d'ananas
2 c. à soupe de petits pois congelés
8 tomates cerises
Quelques raisins sans pépins
180 ml (¾ de tasse) d'eau
4 c. à soupe de sauce de poisson
1 ½ c. à soupe de sucre
Riz, bouilli (recette page 49)

Pour la garniture
1 piment vert frais, coupé en lamelles sur la longueur
10 à 12 feuilles de basilic

4 portions

Dans un wok ou une casserole, faire sauter le combava et la purée de cari dans l'huile environ 1 minute. Verser le lait de coco et la boisson de soja en filet, bien remuer et laisser mijoter à feu doux environ 5 à 7 minutes, jusqu'à ce que l'huile remonte à la surface.

Ajouter le canard, les ananas, les petits pois, les tomates, les raisins et l'eau. Porter à ébullition, baisser le feu et assaisonner avec la sauce de poisson et le sucre. Remuer afin que tous les ingrédients soient bien couverts de sauce. Laisser mijoter 1 minute.

Garnir avec les piments et le basilic. Servir chaud avec le riz nature.

PAR PORTION: CAL: 337; MATIÈRE GRASSE: 23 G (10,7 G GRAS SATURÉ); PROTÉINES TOTALES: 19,9 G; PROTÉINES DU SOJA: 1,7 G; CALCIUM: 163 MG; SODIUM: 1,59 G.

côtes levées au gingembre

Voici une recette savoureuse que vous adopterez rapidement.

850 g (1 lb 14 oz) de côtes levées, en morceaux de 5 cm (2 po)
2 c. à soupe d'huile végétale
1 c. à thé (à café) de miso
1 à 2 c. à soupe d'eau
8 oreilles-de-Judas (ou champignon séché au choix) séchées, trempées dans l'eau chaude et égouttées
80 g (½ tasse) d'oignons, en tranches
2 c. à soupe de sauce de poisson
1 ½ c. à soupe de sucre
1 c. à soupe de vinaigre de malt
1 c. à thé (à café) de sauce soja foncée
1 morceau de gingembre de 6 cm (2 ½ po), pelé et tranché très finement
4 oignons verts, en morceaux de 5 cm (2 po)
Poivre blanc moulu
1 piment rouge frais, en fines lamelles
Quelques feuilles de coriandre

4 portions

Cuire les côtes levées dans l'eau bouillante environ 5 minutes. À feu moyen, poursuivre la cuisson de 10 à 15 minutes, jusqu'à ce qu'elles soient tendres et se détachent facilement des os. Bien égoutter et réserver.

À feu moyen, chauffer l'huile dans une poêle ou un wok et faire revenir le miso environ 10 secondes. Ajouter les côtes levées et faire sauter en remuant sans cesse environ 1 à 2 minutes, jusqu'à ce que la viande commence à absorber la sauce.

Ajouter 1 c. à soupe d'eau pour garder la viande humide, puis incorporer les champignons et les oignons. Ajouter la sauce de poisson, le sucre, le vinaigre et la sauce soja. Ajouter le gingembre et les oignons verts et faire revenir environ 15 secondes. Ajouter un peu d'eau si la préparation est trop sèche.

Servir dans une grande assiette, poivrer et garnir avec les piments et la coriandre. Servir avec du riz nature.

PAR PORTION: CAL: 306; MATIÈRE GRASSE: 19,4 G (5,5 G GRAS SATURÉ); PROTÉINES TOTALES: 21,4 G; PROTÉINES DU SOJA: 2 G; CALCIUM: 43 MG; SODIUM: 0,86 G.

cari d'agneau aux oignons

On peut trouver des feuilles de cardamome dans les épiceries orientales.

300 g (10 oz) de filet d'agneau, en cubes
4 pommes de terre, pelées et coupées en cubes
1 c. à soupe d'huile végétale
4 c. à soupe de purée de cari jaune du commerce
180 ml (¾ de tasse) de lait de coco
180 ml (¾ de tasse) de boisson ou de jus de soja
180 ml (¾ de tasse) d'eau
1 grosse carotte, en morceaux
1 gros oignon, en quartiers
2 c. à soupe de sauce de poisson
1 c. à soupe de sucre
6 feuilles de cardamome
Sel et poivre noir du moulin
Pita, pain naan, ou riz bouilli (recette page 49)

4 portions

Mettre la viande dans une casserole, couvrir d'eau et porter à ébullition. Laisser mijoter à feu moyen jusqu'à tendreté. Cuire les pommes de terre 10 minutes dans une autre casserole d'eau bouillante. Égoutter et réserver.

Dans une autre casserole, chauffer l'huile et faire sauter la purée de cari pendant 1 minute. Verser le lait de coco et la boisson de soja et porter à ébullition. Égoutter l'agneau et mélanger avec la sauce. Ajouter l'eau, les pommes de terre, les carottes et les oignons. Ramener à ébullition et laisser mijoter à feu doux 10 minutes.

Assaisonner avec la sauce de poisson, le sucre et la cardamome. Laisser mijoter jusqu'à cuisson complète des pommes de terre. Saler, poivrer et retirer du feu. Servir chaud avec du pain naan ou pita ou du riz nature.

PAR PORTION: CAL: 434; MATIÈRE GRASSE: 26 G (12,8 G GRAS SATURÉ); PROTÉINES TOTALES: 21,6 G; PROTÉINES DU SOJA: 1,5 G; CALCIUM: 151 MG; SODIUM: 0,94 G.

côtelettes d'agneau au poivre vert, aux échalotes et à la racine de coriandre

On peut remplacer le poivre vert frais par du poivre vert en saumure.

1 c. à soupe de poivre vert frais ou en saumure
1 c. à soupe de racine de coriandre fraîche, hachée
1 c. à soupe d'huile d'olive
Sel et poivre noir du moulin
4 côtelettes d'agneau, le gras retiré
500 g (1 lb) d'échalotes non pelées
3 grosses pommes de terre, en quartiers
125 ml (½ tasse) de bouillon de bœuf
2 c. à soupe de magarine végétalienne

4 portions

Préchauffer le four à 180 °C/350 °F/gaz 4. Dans un grand bol, mélanger la moitié du poivre vert et de la racine de coriandre avec l'huile, le sel et le poivre. Ajouter la viande et bien la frotter de marinade de chaque côté. Couvrir et laisser mariner au réfrigérateur 20 minutes.

Cuire les échalotes et les pommes de terre dans une lèchefrite mise au four 45 minutes. Laisser refroidir à température ambiante. Couper les extrémités des échalotes et presser celles-ci pour les débarrasser de leur pelure. Réserver avec les pommes de terre.

Chauffer une poêle en fonte légèrement huilée ou préchauffer le gril à température maximale. Griller la viande de 3 à 4 minutes de chaque côté, ou au goût.

Entre-temps, dans une casserole à feu vif, chauffer le reste du poivre vert, les échalotes, les pommes de terre et le bouillon jusqu'à évaporation presque complète du liquide. À feu moyen, ajouter la margarine et le reste de la racine de coriandre. Saler, poivrer et remuer pour faire fondre la margarine. Servir les côtelettes avec les légumes.

PAR PORTION: CAL: 407; MATIÈRE GRASSE: 19 G (9,3 G GRAS SATURÉ); PROTÉINES TOTALES: 33,6 G; CALCIUM: 71 MG; SODIUM: 0,28 G.

bœuf Stroganov

On remplace ici par de la crème de soja la crème utilisée habituellement dans la recette classique.

350 g (12 oz) de bifteck de croupe, en lamelles épaisses
Sel et poivre noir du moulin
75 g (⅓ de tasse) de margarine végétalienne
1 gros oignon, coupé en deux, puis en fines tranches
250 g (8 oz) de champignons de Paris
4 c. à soupe de brandy
125 ml (½ tasse) de bouillon de bœuf ou de poulet
80 ml (⅓ de tasse) de crème de soja
80 ml (⅓ de tasse) de boisson ou de jus de soja
2 c. à soupe de moutarde de Meaux
1 c. à soupe d'estragon frais, haché
1 c. à soupe de ciboulette fraîche, ciselée
Riz, bouilli (recette page 49) ou pâtes

4 portions

Enduire la viande de poivre noir. Chauffer 5 c. à thé (à café) de margarine dans une poêle à fond épais jusqu'à ce qu'elle grésille. Cuire la viande de 2 ou 3 minutes en procédant par étapes. Réserver au chaud dans une assiette.

Dans une casserole, chauffer le reste de la margarine et faire revenir les oignons et les champignons quelques minutes. Ajouter le brandy, le bouillon, la crème de soja et la boisson de soja. Laisser mijoter jusqu'à épaississement, puis incorporer la moutarde et l'estragon. Saler et poivrer au goût.

Réchauffer la viande dans la sauce tout en remuant. Ajouter la ciboulette et servir avec du riz ou des pâtes.

PAR PORTION: CAL: 389; MATIÈRE GRASSE: 28,9 G (7,6 G GRAS SATURÉ); PROTÉINES TOTALES: 21,6 G; PROTÉINES DU SOJA: 0,5 G; CALCIUM: 79 MG; SODIUM: 0,47 G.

linguines épicées au bœuf haché et au basilic

Une formule gagnante: une sauce bolognaise épicée et sans tomates.

350 g (3 tasses) de linguines séchées
Sel et poivre noir du moulin

Pour la sauce
2 c. à soupe d'huile d'olive extra vierge
1 gousse d'ail et 1 piment rouge frais, pilés pour faire une purée grossière
200 g (7 oz) de bœuf haché maigre
80 g (½ tasse) d'oignons, hachés finement
1 ½ c. à soupe de sauce de poisson
1 c. à soupe de sucre
½ c. à thé (à café) de sauce soja foncée
2 ½ c. à soupe d'eau
1 piment frais, coupé en lamelles sur la longueur
10 feuilles de basilic

2 ou 3 portions

Cuire les pâtes dans une grande casserole d'eau bouillante salée jusqu'à cuisson *al dente*.

Entre-temps, préparer la sauce: Dans une poêle, à feu moyen, chauffer l'huile et faire revenir la purée d'ail et de piment pendant 10 secondes. Ajouter la viande et cuire environ 2 minutes en remuant sans cesse.

Ajouter les oignons et cuire 20 secondes. Assaisonner avec la sauce de poisson, le sucre et la sauce soja en remuant sans cesse. Ajouter l'eau, puis les trois quarts des piments et du basilic. Cuire de 15 à 20 secondes.

Mélanger les pâtes égouttées avec la sauce. Garnir chaque portion avec le reste des piments et du basilic.

PAR PORTION (POUR 3): CAL: 628; MATIÈRE GRASSE: 15,9 G (4,1 G GRAS SATURÉ); PROTÉINES TOTALES: 30,2 G; CALCIUM: 53 MG; SODIUM: 0,84 G.

ragoût de bœuf aux oignons et poudings du Yorkshire

Ce ragoût est particulièrement réconfortant lorsqu'on le sert avec des poudings du Yorkshire.

500 g (1 lb) de bœuf en cubes
750 ml (3 tasses) de bouillon de bœuf
2 branches de thym
Sel et poivre noir du moulin
400 g (14 oz) de gros oignons, en quartiers
1 ½ c. à soupe de cassonade
2 c. à soupe de farine
400 g (14 oz) de petites pommes de terre pour cuisson au four, pelées
400 g (3 ⅓ tasses) de carottes, en morceaux

4 portions

Mettre la viande dans une casserole à fond épais. Ajouter le bouillon, le thym, le sel et le poivre. Porter à ébullition, baisser le feu et laisser mijoter 30 minutes.

Ajouter les oignons et la cassonade, puis laisser mijoter 20 minutes.

Entre-temps, préchauffer le four à 180 °C/350 °F/gaz 4.

Dans un bol, mélanger la farine avec un peu d'eau pour faire une pâte liquide. Verser dans la casserole et bien remuer jusqu'à épaississement. Mettre la préparation dans un plat de cuisson, puis ajouter les pommes de terre et les carottes. Couvrir et cuire au four au moins 1 heure, jusqu'à ce que la viande soit tendre. Retirer le plat du four et réserver au chaud pendant la cuisson des poudings (recette ci-contre).

PAR PORTION (SANS POUDING DU YORKSHIRE): CAL: 382; MATIÈRE GRASSE: 8,9 G (3,5 G GRAS SATURÉ); PROTÉINES TOTALES: 33,2 G; CALCIUM: 104 MG; SODIUM: 0,46 G.

poudings du Yorkshire

Cette recette, qui requiert l'utilisation de boisson de soja, est aussi savoureuse que la recette originale à base de lait ordinaire.

75 g (½ tasse) de farine
Sel et poivre noir du moulin
1 œuf moyen, battu
125 ml (½ tasse) de boisson ou de jus de soja
2 à 3 c. à soupe d'huile d'olive

4 portions

Monter la température du four à 220 °C/425 °F/gaz 7. Mettre la farine dans un bol, puis ajouter une pincée de sel et de poivre. Mettre l'œuf battu au milieu et verser la boisson de soja en filet en travaillant la pâte du centre vers l'extérieur jusqu'à ce que la farine soit parfaitement amalgamée.

Mettre un peu d'huile dans chacune des 8 cavités d'un moule à muffins miniatures d'environ 2 c. à soupe. Mettre au four environ 5 minutes, jusqu'à ce que l'huile soit très chaude et grésillante. Répartir la pâte dans les cavités du moule et cuire au four de 15 à 20 minutes, jusqu'à ce que les poudings soient gonflés et croustillants. Servir avec le ragoût de bœuf (recette ci-contre).

PAR PORTION (POUDING DU YORKSHIRE SEULEMENT): CAL: 145; MATIÈRE GRASSE: 7,7 G (1,2 G GRAS SATURÉ); PROTÉINES TOTALES: 4,2 G; PROTÉINES DU SOJA: 1 G; CALCIUM: 40 MG; SODIUM: 0,12 G.

5

desserts et boissons

salade de fruits orientale

Si vous achetez le jaque et le fruit du palmier à l'huile en conserve, n'utilisez pas le sirop.

625 ml (2 ½ tasses) de jus d'orange
2 c. à soupe de sucre semoule (super fin)
1 c. à soupe de jus de lime frais
1 mangue mûre encore ferme, pelée et en petits cubes
1 papaye mûre encore ferme, pelée et en petits cubes
4 morceaux de jaque, en lanières
4 morceaux de fruit du palmier à huile, en lanières
¼ de petit ananas, pelé, évidé et coupé en bouchées

4 portions

Dans un bocal, bien mélanger le jus d'orange, le sucre et le jus de lime. Réserver.

Mélanger tous les fruits dans un grand bol de verre, puis verser le jus. Couvrir de pellicule plastique et laisser refroidir au réfrigérateur. Servir la salade de fruits telle quelle ou avec du sorbet aux fruits.

PAR PORTION: CAL: 239; MATIÈRE GRASSE: 0,6 G (0 G GRAS SATURÉ); PROTÉINES TOTALES: 2,8 G; CALCIUM: 66 MG; SODIUM: 0,02 G.

mangue croustillante à la cannelle, sauce aux petits fruits

La mangue croustillante fait bon ménage avec la sauce aux petits fruits.

Huile végétale (pour la friture)
2 mangues mûres encore fermes, pelées et coupées sur la longueur en lanières de 1 cm (½ po) de largeur
100 g (⅔ de tasse) de farine

Pour la sauce
150 g (1 tasse) de petits fruits mélangés au choix
1 ½ c. à soupe de sucre semoule (super fin)
125 ml (½ tasse) de jus de canneberge
Le jus de 1 lime

Pour la garniture
50 g (⅓ de tasse) de petits fruits mélangés
4 brins de menthe
Cannelle moulue

4 portions

À l'aide du mélangeur, réduire tous les ingrédients de la sauce en purée lisse et réserver au réfrigérateur.

Dans un wok, chauffer suffisamment d'huile végétale jusqu'à ce qu'elle atteigne 180 °C (350 °F). Fariner légèrement les lanières de mangue, puis les déposer une à une dans l'huile chaude. Frire jusqu'à ce qu'elles soient légèrement dorées et croustillantes en les retournant une ou deux fois en cours de cuisson. À l'aide d'une écumoire ou d'une pince, les deposer dans une assiette couverte de papier absorbant et laisser égoutter.

Disposer les lanières de mangue dans des assiettes. Garnir chaque portion de petits fruits et d'un brin de menthe, puis saupoudrer de cannelle. Servir la sauce froide dans un bol.

PAR PORTION: CAL: 365; MATIÈRE GRASSE: 15,8 G (1,8 G GRAS SATURÉ); PROTÉINES TOTALES: 4,1 G; CALCIUM: 82 MG; SODIUM: 0,01 G.

ananas caramélisé à la noix de coco grillée

N'hésitez pas à remplacer la cassonade par du miel si vous préférez.

1 c. à soupe de noix de coco séchée
1 ananas moyen, pelé, évidé et coupé en deux sur la longueur
2 c. à soupe de margarine végétalienne
4 c. à soupe de cassonade pâle
4 c. à soupe de jus de lime frais
Quartiers de lime
Glace à la vanille ou à la noix de coco sans produits laitiers

4 portions

Dans une poêle, à feu très doux, faire dorer légèrement la noix de coco en remuant sans cesse. Réserver.

Couper l'ananas sur la longueur en morceaux de 1 cm (½ po). Réserver.

Entre-temps, chauffer la moitié de la margarine dans une grande poêle à feu doux. Cuire 4 morceaux d'ananas quelques minutes de chaque côté, jusqu'à ce qu'ils soient légèrement dorés.

Saupoudrer la moitié de la cassonade sur les ananas dorés, puis arroser avec la moitié du jus de lime. Remuer jusqu'à ce que la cassonade soit fondue en retournant les ananas une seule fois. Réserver au chaud dans un plat pendant que l'on fait cuire le reste des ananas de la même façon.

Disposer les ananas caramélisés dans une grande assiette et parsemer de noix de coco. Servir avec les quartiers de lime et la glace parfumée choisie.

PAR PORTION (SANS GLACE PARFUMÉE): CAL: 205; MATIÈRE GRASSE: 8,4 G (2,9 G GRAS SATURÉ); PROTÉINES TOTALES: 1 G; CALCIUM: 45 MG; SODIUM: 0,06 G.

pêches à la meringue et aux amandes

Ce dessert est à la fois léger et satisfaisant.

2 c. à soupe de margarine végétalienne
4 grosses pêches, coupées en deux
1 c. à soupe d'amandes, hachées
1 blanc d'œuf
3 c. à soupe de sucre semoule (super fin)

4 portions

Préchauffer le four à 200 °C/400 °F/gaz 6. Dans une petite lèchefrite, faire fondre la margarine au four. Disposer les pêches dans la lèchefrite et couvrir avec les amandes. Faire rôtir, en retournant de temps à autre, environ 20 minutes, jusqu'à ce qu'elles soient tendres.

Entre-temps, dans un bol, battre le blanc d'œuf à l'aide d'un fouet jusqu'à formation de pics fermes. Ajouter le sucre graduellement pour obtenir une meringue luisante. Mettre les pêches face coupée vers le haut et remplir les cavités de meringue. Cuire au four environ 5 minutes, jusqu'à ce que la meringue soit légèrement dorée. Servir les pêches chaudes avec leur jus et les amandes.

PAR PORTION: CAL: 170; MATIÈRE GRASSE: 8,4 G (1,4 G GRAS SATURÉ); PROTÉINES TOTALES: 3,2 G; CALCIUM: 26 MG; SODIUM: 0,08 G.

pommes au four à la crème vanillée et aux noix

Vous pouvez utiliser n'importe quelle variété de pommes convenant à la cuisson.

2 pommes Granny Smith non pelées, évidées
2 pommes Délicieuses non pelées, évidées
30 g (¼ de tasse) de noix, en morceaux
30 g (¼ de tasse) de raisins secs dorés
2 c. à soupe de cassonade
2 c. à soupe de miel
4 c. à thé (à café) de margarine végétalienne et un peu plus pour graisser

Pour la crème vanillée
310 ml (1 ¼ tasse) de boisson ou de jus de soja
½ c. à soupe de préparation en poudre pour crème anglaise
1 jaune d'œuf
½ c. à thé (à café) d'extrait de vanille
Sucre, au goût

4 portions

Préchauffer le four à 190 °C/375 °F/gaz 5. Graisser un plat de cuisson assez large pour contenir les pommes.

Élargir le diamètre de l'ouverture pratiquée dans les pommes à environ 2,5 cm (1 po) de diamètre en la coupant en biais avec un petit couteau. Ranger les pommes debout dans le plat de cuisson, puis les farcir avec les noix et les raisins secs. Couvrir avec la cassonade et le miel. Déposer le quart de la margarine sur chacune et cuire au four 45 minutes.

Entre-temps, dans une casserole, à feu moyen, chauffer la boisson de soja (sauf 1 c. à soupe) sans laisser bouillir. Dans un bol, mélanger la poudre pour crème anglaise et la cuillerée de boisson de soja réservée jusqu'à consistance lisse. À l'aide d'un fouet, incorporer le jaune d'œuf et la vanille, puis ajouter la boisson de soja chaude en fouettant sans cesse. Verser dans la casserole et remuer à feu doux jusqu'à épaississement. Sucrer au goût. Servir avec les pommes chaudes.

PAR PORTION: CAL: 287; MATIÈRE GRASSE: 12,2 G (2 G GRAS SATURÉ); PROTÉINES TOTALES: 4,4 G; PROTÉINES DU SOJA: 2 G; CALCIUM: 39 MG; SODIUM: 0,07 G.

crumble aux poires

Servez ce crumble avec la crème vanillée de la recette précédente.

5 c. à thé (à café) de margarine végétalienne
6 poires mûres encore fermes, pelées, évidées et hachées
50 g (¼ de tasse) de sucre semoule (super fin)
Crème vanillée sans produits laitiers (recette ci-contre)

Pour la garniture
75 g (⅓ de tasse) de margarine végétalienne
100 g (½ tasse) de sucre semoule (super fin)
150 g (1 tasse) de farine

4 portions

Préchauffer le four à 180 °C/350 °F/gaz 4.

Dans une casserole, à feu vif, faire fondre la margarine, puis faire revenir les poires en remuant sans cesse jusqu'à tendreté et évaporation presque complète du liquide.

Ajouter le sucre et bien remuer jusqu'à dissolution complète. Retirer du feu et verser les fruits et le sirop dans un plat de cuisson.

Mettre tous les ingrédients de la garniture dans un bol et les frotter entre les doigts jusqu'à l'obtention d'une chapelure.

Couvrir uniformément les poires avec cette chapelure et cuire au four de 25 à 30 minutes, jusqu'à ce que le dessus soit doré. Servir avec la crème vanillée.

PAR PORTION: CAL: 581; MATIÈRE GRASSE: 22,2 G (4,5 G GRAS SATURÉ); PROTÉINES TOTALES: 4,6 G; PROTÉINES DU SOJA: 2 G; CALCIUM: 88 MG; SODIUM: 0,22 G.

pouding au riz à la noix de coco

Le lait et la crème de coco peuvent remplacer divinement les produits laitiers dans plusieurs desserts.

80 ml (1/3 de tasse) de crème de coco
1/4 de c. à thé (à café) de sel
275 g (1 1/3 tasse) de riz gluant noir
625 ml (2 1/2 tasses) d'eau
200 g (1 tasse) de sucre
125 g (1 1/4 tasse) de noix de coco fraîche, en lamelles

4 portions

Dans une casserole, à feu très doux, mélanger la crème de coco et le sel en remuant sans cesse pour empêcher la crème de se séparer. Retirer du feu dès que le sel est dissous et réserver.

Laver le riz deux fois, puis le mettre dans une casserole avec l'eau. Faire bouillir à feu moyen jusqu'à cuisson complète. (Les grains fendent lorsqu'ils sont cuits.) Ajouter le sucre et laisser bouillir en remuant doucement jusqu'à complète dissolution du sucre.

Verser le pouding dans des bols et garnir chaque portion avec quelques lamelles de noix de coco et une cuillerée de crème de coco. Au moment de déguster, mélanger le riz avec la noix de coco et la crème de coco.

PAR PORTION: CAL: 546; MATIÈRE GRASSE: 9,2 G (6,7 G GRAS SATURÉ); PROTÉINES TOTALES: 6,9 G; CALCIUM: 15 MG; SODIUM: 0,16 G.

bananes et maïs à la noix de coco

On peut se procurer des feuilles de pandanus dans les épiceries orientales, mais ce dessert sera délicieux même si vous n'en utilisez pas.

2 c. à thé (à café) de graines de sésame
410 ml (1 2/3 tasse) de lait de coco
180 ml (3/4 de tasse) d'eau
1 feuille de pandanus, nettoyée, épongée et attachée en nœud (facultatif)
100 g (1/2 tasse) de sucre
1/2 c. à thé (à café) de sel
4 c. à soupe de grains de maïs frais ou en conserve
4 bananes moyennes mûres encore fermes, coupées en deux sur la longueur

4 portions

Dans une poêle sèche, à feu doux, faire dorer les graines de sésame jusqu'à ce qu'elles dégagent tous leurs arômes. Réserver.

Dans une casserole, à feu moyen, porter le lait de coco et l'eau à ébullition. Ajouter la feuille de pandanus et laisser mijoter quelques minutes. Incorporer le sucre et le sel. Si on utilise du maïs frais, l'ajouter maintenant et cuire de 1 à 2 minutes.

Couper chaque demi-banane en 6 à 8 morceaux et les mettre dans la casserole. Si on utilise du maïs en conserve, l'ajouter maintenant et laisser mijoter environ 1 1/2 minute, jusqu'à ce que les bananes soient tendres mais pas trop molles. Jeter la feuille de pandanus.

Servir les bananes et le lait de coco dans des bols et parsemer de graines de sésame.

PAR PORTION: CAL: 383; MATIÈRE GRASSE: 18,2 G (14,3 G GRAS SATURÉ); PROTÉINES TOTALES: 3,6 G; CALCIUM: 55 MG; SODIUM: 0,35 G.

crème caramel à la noix de coco

Le lait de coco remplace admirablement le lait ordinaire dans cette recette.

150 g (¾ de tasse) de sucre semoule (super fin)
410 ml (1 ⅔ tasse) de lait de coco
3 œufs
Quelques gouttes d'extrait de vanille

6 portions

Préchauffer le four à 150 °C/300 °F/gaz 2.

Dans une casserole à fond épais, à feu doux, mettre 50 g (¼ de tasse) de sucre et remuer jusqu'à dissolution. Continuer de chauffer jusqu'à ce qu'il soit doré en prenant soin qu'il ne brûle pas. Répartir dans 6 ramequins et ranger ceux-ci dans une lèchefrite.

Dans une casserole, à feu doux, chauffer le lait de coco sans laisser bouillir. Dans un bol, battre les œufs avec le reste du sucre jusqu'à consistance légère et crémeuse. Verser graduellement le lait de coco chaud sans cesser de battre, puis ajouter la vanille.

Verser la préparation dans un pot, puis la répartir dans les ramequins. Verser de l'eau chaude dans la lèchefrite à mi-hauteur des ramequins et cuire au four de 35 à 40 minutes, jusqu'à ce que la crème caramel soit prise. Laisser refroidir à température ambiante, puis mettre au réfrigéateur.

Au moment de servir, passer un couteau à l'intérieur des ramequins et renverser dans des assiettes.

PAR PORTION: CAL: 262; MATIÈRE GRASSE: 14,2 G (10,2 G GRAS SATURÉ); PROTÉINES TOTALES: 4,7 G; CALCIUM: 39 MG; SODIUM: 0,17 G.

gâteau au fromage au citron et aux fraises

Ce dessert est plus frais et plus léger que le gâteau au fromage classique.

50 g (¼ de tasse) de margarine végétalienne
50 g (¼ de tasse) de sucre semoule (super fin)
180 g (6 oz) de biscuits sablés, broyés

Pour la garniture
Le jus et le zeste de 1 citron
4 c. à soupe d'eau
1 c. à soupe de gélatine, d'agar-agar ou de mousse d'Irlande
250 g (8 oz) de fromage à la crème, de caillebotte ou de fromage mou sans produits laitiers
160 ml (⅔ de tasse) de boisson ou de jus de soja
75 g (¾ de tasse) de sucre semoule (super fin)
3 c. à soupe de tartinade au citron (lemon curd)
Fraises fraîches

6 portions

Dans une casserole, à feu foux, faire fondre la margarine et le sucre. Ajouter les biscuits broyés et bien mélanger. Presser au fond d'un moule à fond mobile de 20 cm (8 po) et laisser refroidir au réfrigérateur.

Garniture: Mettre le jus et le zeste de citron, l'eau et la gélatine dans un bol posé au-dessus d'une casserole d'eau chaude. Remuer jusqu'à dissolution de la gélatine. Laisser refroidir. Ramollir le fromage dans un grand bol, ajouter la boisson de soja et le sucre et mélanger à l'aide du batteur électrique. Ajouter la gélatine et bien mélanger. Verser sur la croûte de biscuits et laisser refroidir au réfrigérateur de 3 à 4 heures, jusqu'à ce que le gâteau soit pris. Démouler et servir dans une assiette. Napper avec la tartinade au citron et garnir avec les fraises.

PAR PORTION: CAL: 349; MATIÈRE GRASSE: 13,7 G (3,3 G GRAS SATURÉ); PROTÉINES TOTALES: 9,6 G; PROTÉINES DU SOJA: 0,6 G; CALCIUM: 107 MG; SODIUM: 0,24 G.

brownies au chocolat, aux bananes et aux marrons

Achetez des marrons de bonne qualité plutôt que les moins chers qui sont trop friables.

180 g (6 oz) de chocolat noir (75 % de cacao ou plus)
175 g (¾ de tasse) de margarine végétalienne et un peu plus pour graisser
2 bananes moyennes très mûres
2 œufs moyens
120 g (¾ de tasse) de farine
½ c. à thé (à café) de levure chimique (poudre à pâte)
120 g (⅔ de tasse) de sucre semoule (super fin)
½ c. à thé (à café) de sel
200 g (7 oz) de marrons entiers cuits, en conserve ou emballés sous vide

Pour la sauce au chocolat
100 g (3 ½ oz) de chocolat noir (70 % de cacao ou plus)
2 c. à soupe de margarine végétalienne

8 à 12 portions

Préchauffer le four à 160 °C/325 °F/gaz 3. Briser le chocolat 75% dans un bol résistant à la chaleur et ajouter la margarine. Poser le bol sur une casserole remplie d'eau qui mijote doucement et remuer pour faire fondre.

Dans un grand bol, écraser les bananes, puis incorporer les œufs. Ajouter la farine, la levure chimique, le sucre et le sel. Verser le chocolat chaud et bien mélanger.

Ajouter les trois quarts des marrons et verser dans un moule à gâteau antiadhésif de 18 x 25 x 2,5 cm (7 x 10 x 1 po) graissé. Enfouir le reste des marrons pour combler les espaces vides. Cuire sur la grille du centre de 25 à 30 minutes. Laisser reposer dans le moule de 10 à 15 minutes avant de découper en carrés.

Sauce au chocolat: Faire fondre le chocolat et la margarine en procédant comme à l'étape 1. Servir les brownies avec la sauce chaude.

PAR PORTION (POUR 12): CAL: 383; MATIÈRE GRASSE: 24,5 G (7,9 G GRAS SATURÉ); PROTÉINES TOTALES: 4,3 G; CALCIUM: 40 MG; SODIUM: 0,25 G.

gâteau au café

Un bon dessert sous le signe de la décadence!

100 g (⅔ de tasse) de farine à levure (auto-levante)
2 c. à thé (à café) de levure chimique (poudre à pâte)
1 pincée de sel
100 g (½ tasse) de sucre semoule (super fin)
4 gros œufs, séparés
180 ml (¾ de tasse) d'huile d'arachide
180 ml (¾ de tasse) d'eau
1 c. à thé (à café) d'extrait de café
½ c. à thé (à café) de crème de tartre

Pour le glaçage au café
100 g (½ tasse) de margarine végétalienne
175 g (1 ½ tasse) de sucre glace
1 c. à thé (à café) de café soluble mélangé avec 1 c. à thé (à café) d'eau chaude et refroidi
1 pincée de café soluble non dilué

6 à 8 portions

Préchauffer le four à 160 °C/325 °F/gaz 3. Dans un grand bol, mélanger la farine, la levure chimique, le sel et la moitié du sucre. Faire un puits au centre. Dans un bol, mélanger les jaunes d'œufs, l'huile, l'eau et l'extrait de café. Verser dans le puits et mélanger peu à peu avec les ingrédients secs. Réserver.

Dans un autre bol, battre les blancs d'œufs et la crème de tartre en pics mous. Incorporer peu à peu le reste du sucre sans cesser de battre jusqu'à formation de pics fermes. Plier les blancs d'œufs dans la préparation de farine et bien mélanger. Verser dans un moule à gâteau rond de 20 cm (8 po) non graissé et cuire au four environ 40 minutes, jusqu'à ce que le gâteau soit bien gonflé. Démouler sur une grille.

Dans un bol, battre la margarine jusqu'à ce qu'elle soit légère et incorporer le sucre glace peu à peu. Ajouter le café dilué.

Couper le gâteau en deux à l'horizontale et étaler la moitié du glaçage sur la partie inférieure. Poser l'autre moitié du gâteau dessus et napper avec le reste du glaçage. Saupoudrer avec la pincée de café.

PAR PORTION (POUR 8): CAL: 492; MATIÈRE GRASSE: 32,1 G (6,4 G GRAS SATURÉ); PROTÉINES TOTALES: 5,2 G; CALCIUM: 82,5 MG; SODIUM: 0,41 G.

haricots au sirop

À déguster comme dessert ou à l'heure du goûter.

225 g (2 tasses) de haricots mungo
225 g (1 tasse) de cassonade

4 à 6 portions

Nettoyer les haricots et ne garder que les plus beaux. Laver à l'eau froide. Dans un grand bol, couvrir les haricots avec de l'eau chaude et laisser tremper de 2 à 3 heures ou, mieux encore, toute la nuit. Bien rincer et égoutter.

Dans une casserole, porter 1,2 litre (5 ½ tasses) d'eau à ébullition et cuire les haricots à feu moyen de 30 à 45 minutes, jusqu'à ce qu'ils soient tendres. (Ajouter un peu d'eau au besoin. On sait que les haricots sont cuits lorsqu'ils fendent.)

Ajouter la cassonade et remuer jusqu'à dissolution. Ramener à ébullition et retirer du feu. Servir chaud ou froid.

PAR PORTION: CAL: 371; MATIÈRE GRASSE: 0,6 G (0,1 G GRAS SATURÉ); PROTÉINES TOTALES: 13,5 G; CALCIUM: 82 MG; SODIUM: 0,02 G.

manioc confit et crème de soja

Vous trouverez des tubercules de manioc dans les épiceries indiennes et africaines.

500 ml (2 tasses) d'eau
300 g (1 ½ tasse) de sucre
700 g (3 tasses) de tubercule de manioc, pelé, coupé en deux sur la longueur, puis en biais en morceaux de 8 cm (3 po)

Pour la garniture
160 ml (⅔ de tasse) de crème de soja
1 pincée de sel

4 portions

Garniture: Dans une petite casserole, à feu doux, mélanger la crème de soja avec le sel en remuant sans cesse jusqu'à ce qu'il soit complètement dissous. Réserver.

Dans un wok en laiton ou en acier inoxydable, à feu moyen, mélanger l'eau avec le sucre jusqu'à ce qu'il soit complètement dissous. Porter à ébullition.

Baisser le feu, ajouter les morceaux de manioc et remuer pour les couvrir entièrement de sirop. Laisser mijoter environ 20 à 30 minutes, en remuant de temps à autre, jusqu'à ce qu'ils soient bien cuits et aient absorbé presque tout le sirop.

Servir dans des assiettes ou des bols, puis napper avec la crème de soja salée.

PAR PORTION: CAL: 611; MATIÈRE GRASSE: 7 G (1 G GRAS SATURÉ); PROTÉINES TOTALES: 2,2 G; CALCIUM: 73 MG; SODIUM: 0,13 G.

sorbet au melon d'eau

Si vous êtes pressé, mélangez simplement le melon d'eau, le sirop et quelques glaçons avec un peu de jus de lime pour obtenir une boisson glacée unique en son genre.

125 ml (½ tasse) d'eau
100 g (½ tasse) de sucre semoule (super fin)
500 g (1 lb) de melon d'eau (pastèque)
2 c. à soupe de jus de citron frais
4 quartiers de melon d'eau avec l'écorce (pour servir)

4 portions

Dans une casserole, à feu doux, chauffer l'eau avec le sucre jusqu'à dissolution. Laisser refroidir le sirop dans un grand bol. Couper le melon d'eau en quartiers, puis retirer l'écorce et les graines. Couper la chair en petits morceaux et réduire en purée lisse à l'aide du mélangeur.

Verser le sirop et le jus de citron sur le melon dans le mélangeur et mixer pendant quelques secondes.

Transvider dans un contenant pouvant aller au congélateur et congeler environ 1 h 30. Battre la préparation et remettre au congélateur pendant 2 heures. (Battre la préparation ainsi toutes les 30 minutes jusqu'à ce qu'elle soit ferme.)

Mettre le contenant au réfrigérateur 20 minutes avant de servir. Servir des boules de sorbet dans des petits bols et accompagner chaque portion d'un quartier de melon d'eau.

PAR PORTION: CAL: 138; MATIÈRE GRASSE: 0,4 G (0 G GRAS SATURÉ); PROTÉINES TOTALES: 0,6 G; CALCIUM: 12 MG; SODIUM: 0,01 G.

yogourt de soja glacé à l'orange

Vous pouvez remplacer le jus d'orange par du jus de lime ou de citron. Voici une excellente façon de remplacer la crème glacée!

6 c. à soupe de jus d'orange frais
500 ml (2 tasses) de yogourt de soja
160 ml (⅔ de tasse) de crème de soja
100 g (½ tasse) de sucre semoule (super fin)
Zeste d'orange, en fines lamelles

6 portions

Dans un bol, bien mélanger le jus d'orange, le yogourt, la crème de soja et le sucre. À l'aide d'une sorbetière, malaxer la préparation en suivant les indications du manufacturier.

À défaut de sorbetière, congeler la préparation dans un contenant pouvant aller au congélateur pendant 1 à 2 heures, jusqu'à ce que les bords commencent à prendre. Transvider dans un bol et mélanger jusqu'à consistance lisse à l'aide d'une fourchette ou du robot culinaire. Remettre au congélateur environ 2 à 3 heures, jusqu'à ce que le yogourt soit ferme. Couvrir le contenant avec un couvercle pour l'entreposage.

Servir des boules de yogourt glacé dans des petits bols et garnir avec le zeste d'orange.

PAR PORTION: CAL: 175; MATIÈRE GRASSE: 7,9 G (0,6 G GRAS SATURÉ); PROTÉINES TOTALES: 5 G; PROTÉINES DU SOJA: 4,2 G; CALCIUM: 27 MG; SODIUM: 0,01 G.

cappuccinos glacés

Vous pouvez fouetter de la crème de soja et en garnir les cappuccinos avant d'ajouter la poudre de chocolat.

310 ml (1 ¼ tasse) de boisson ou de jus de soja
6 c. à thé (à café) de café soluble non dilué
1 œuf
3 jaunes d'œufs
125 g (⅔ de tasse) de sucre semoule (super fin)

Pour la garniture
Poudre de chocolat noir
4 brins de menthe

4 portions

Préchauffer le four à 180 °C/350 °F/gaz 4.

Dans une casserole, chauffer la boisson de soja et le café. Dans un bol, battre vigoureusement l'œuf, les jaunes d'œufs et le sucre. Ajouter la boisson de soja chaude en remuant sans cesse à l'aide d'un fouet.

Mettre 4 tasses à café pouvant aller au four dans une lèchefrite. Répartir la préparation dans les tasses. Verser de l'eau chaude dans la lèchefrite à mi-hauteur des tasses. Cuire au four 30 minutes, jusqu'à ce que la crème soit prise. Laisser refroidir à température ambiante, puis mettre au réfrigérateur pendant 1 h 30 environ.

Saupoudrer de chocolat noir et garnir de menthe avant de servir.

PAR PORTION: CAL: 245; MATIÈRE GRASSE: 9 G (2,7 G GRAS SATURÉ); PROTÉINES TOTALES: 7,2 G; PROTÉINES DU SOJA: 2,2 G; CALCIUM: 52 MG; SODIUM: 0,05 G.

frappé à la mangue

Pour bien réussir les frappés, utilisez au moins un fruit dont la texture est dense: banane, goyave, etc.

625 ml (2 ½ tasses) de boisson ou de jus de soja, refroidi
180 ml (¾ de tasse) de jus de mangue, refroidi
2 c. à soupe de cassonade
2 mangues mûres, dénoyautées, en dés et congelées
2 bananes, en tranches et congelées

4 portions

À l'aide du mélangeur, bien mélanger la boisson de soja, le jus de mangue et la cassonade. Ajouter les fruits et mélanger jusqu'à consistance lisse.

PAR PORTION: CAL: 220; MATIÈRE GRASSE: 3 G (0,3 G GRAS SATURÉ); PROTÉINES TOTALES: 5,3 G; PROTÉINES DU SOJA: 4,3 G; CALCIUM: 46 MG; SODIUM: 0,05 G.

boisson chaude à la citronnelle

Vous pouvez remplacer la citronnelle par du gingembre frais.

750 ml (3 tasses) d'eau
4 tiges de citronnelle, broyées légèrement
3 c. à soupe de cassonade pâle ou de miel (facultatif)

4 portions

Dans une petite casserole, porter l'eau à ébullition à feu moyen. Ajouter la citronnelle et laisser mijoter à feu doux de 7 à 8 minutes, jusqu'à ce que l'eau devienne jaune. Retirer la citronnelle, puis ajouter la cassonade en remuant jusqu'à dissolution. Servir chaud tel quel ou avec des biscuits.

PAR PORTION (AVEC CASSONADE OU MIEL): CAL: 35; MATIÈRE GRASSE: 0 G (0 G GRAS SATURÉ); PROTÉINES TOTALES: 0,1 G; CALCIUM: 2 MG; SODIUM: 0,01 G.

index

Chez le meme éditeur:

100 plats de pâtes pour petits gourmands
100 recettes anti-migraines
100 recettes pour un corps sain
100 recettes pour un esprit sain
100 trucs pour bien maigrir en stimulant votre métabolisme
120 recettes anti-âge
Aimer la viande et en manger moins
Bien manger pour la vie
Bien manger une affaire de cœur
La cuisine détox
Du calcium dans votre assiette
En finir avec les brûlures d'estomac
Fêtes de princesses et de fées gourmandes
Le grand livre de bébé gourmand
Le grand livre de la boîte à lunch
Le grand livre des purées
Les meilleures recettes à l'autocuiseur
Les meilleures recettes à la mijoteuse
Les meilleures recettes anti-cholestérol
Les meilleures recettes anti-ménopause
Les meilleures recettes au tofu
Les meilleures recettes avec fibres
Les meilleures recettes contre l'hypertension
Les meilleures recettes pendant une chimiothérapie ou une radiothérapie
Les meilleures recettes pour diabétiques
Les meilleures recettes pour prévenir le cancer de la prostate
Les meilleures recettes pour votre cœur
Les meilleures recettes sans gluten
Les meilleurs desserts pour diabétiques
Les meilleurs pains et desserts sans gluten
La passion des herbes
Les superaliments pour les bébés et les enfants
Manger cru
Manger de bon cœur
Oméga-3: les meilleures recettes
Petits plats pour petits doigts
Soja santé
VG La nouvelle cuisine végétarienne
Vive le congélateur!
Votre guide santé-info

Catalogage avant publication de Bibliothèque et Archives nationales du Québec et Bibliothèque et Archives Canada

C, Mini
Meilleures recettes sans produits laitiers
Traduction de: *Healthy dairy-free eating.*
Comprend un index.
ISBN 978-2-89455-588-0
1. Régimes sans lait — Recettes. 2. Intolérance au lactose — Diétothérapie — Recettes. 3. Livres de cuisine. I. Haffner, Tanya. II. Titre.
RM234.5.C214 2012 641.5'6318 C2012-940889-1

Nous reconnaissons l'aide financière du gouvernement du Canada par l'entremise du Fonds du livre du Canada (FLC) ainsi que celle de la SODEC pour nos activités d'édition.

Patrimoine canadien Canadian Heritage Canada SODEC Québec

Gouvernement du Québec – Programme de crédit d'impôt pour l'édition de livres – Gestion SODEC

Publié originalement en Grande-Bretagne en 2011 sous le titre *Healthy Dairy-free Eating* par Kyle Books, 23 Howland Street, Londres, W1T 4AY www.kylebooks.com

Édition: Muna Reyal
Conception graphique: Carl Hodson
Photographie: Martin Brigdale
Économie domestique: Mini C
Stylisme: Helen Trent
Révision: Ruth Baldwin
Assistante à l'édition: Vicki Murrell
Analyse des recettes: Dr Wendy Doyle
Production: Sha Huxtable et Alice Holloway

Traduction et édition: Linda Nantel
Infographie: Christiane Séguin
Conception de la couverture: Christiane Séguin

Dépôt légal — Bibliothèque et Archives nationales du Québec, Bibliothèque et Archives Canada, 2012
ISBN: 978-2-89455-588-0

Distribution et diffusion
Amérique: Prologue
Belgique: La Caravelle S.A.
Suisse: Transat S.A.

Guy Saint-Jean Éditeur inc.
3440, boul. Industriel, Laval (Québec) Canada. H7L 4R9 • 450 663-1777
Courriel: info@saint-jeanediteur.com • Web: www.saint-jeanediteur.com

Imprimé en Chine